**BIBLIOTHEQUE DAIGAKUSYORIN**

Emile Zola

# L'Assommoir

エミール・ゾラ

# 居 酒 屋

吉田典子訳注

**LIBRAIRIE DAIGAKUSYORIN**

# はしがき

　『居酒屋』 *L'Assommoir*（1877）は、フランス自然主義文学の代表的作品で、19世紀の大ベストセラー小説です。ルネ・クレマン監督の映画『ジェルヴェーズ』（1955）をごらんになった方もいるでしょう。作者のエミール・ゾラ（1840‐1902）は、バルザックの『人間喜劇』に対抗して、『ルゴン＝マカール叢書』 *Les Rougon-Macquart*（1871‐93）という全20巻の小説群を書きましたが、『居酒屋』はその第7巻にあたります。この叢書を通じてゾラは、第二帝政期（1852‐70）のフランス社会におけるさまざまな社会階層の風俗や生態を描き出そうとしました。『居酒屋』で取り上げられるのは、急速な近代化が進みつつある大都市パリの周縁に生きる労働者たちの世界です。ゾラはそれまでの文学においては正面から扱われることのなかった「民衆」の真実の姿を提示しようとしたのです。

　本書の底本には、アルマン・ラヌー監修、アンリ・ミトラン編注のプレイヤッド版『ルゴン＝マカール叢書』（全5巻）を用いました。本書が、フランス語とフランス文学への道案内のひとつとなることを願ってやみません。

2002年4月　　　　　　　　　　　　　　　　　　吉田典子

## 解　説

　ゾラが『居酒屋』の舞台に選んだのは、パリの北部、現在のパリ 18 区のグット＝ドールの界隈である。当時はまだ、パリを囲む城壁のすぐ外側にあって、ポワソニエール市門とサン＝ドニ市門の間に位置していた。地理的にも行政的にも、パリの周縁にあたる地帯である。そしてここには、スペースを必要とする都市の周縁的な職業の人々（御者、貸し馬屋、洗濯屋など）や、近くの機械工場や製錬所で働く労働者たちが多く住んでいた。この地区は1859年以降パリ市に併合されるが、この小説の始まりは1850年に設定されている。一方、小説の終わりは1869年である。第二帝政期（1852 - 70）の大事業であるオスマンのパリ改造はこの界隈にもおよび、昔の市門は取り壊され、真新しい大通りが貫通する。零落の一途をたどっていくジェルヴェーズは、町が反対にきれいになっていくことに憂鬱な気分をおぼえるのだが、このジェルヴェーズの20年間はほぼ第二帝政期の 20 年間と重なり合う。

　この年月はまた、ジェルヴェーズの長い一日としても提示されている。小説の冒頭では、夜明け方、ランチエの帰りを待ちながら彼女は、ポワソニエール市門を通って郊外からパリの中心へと働きに出てくる労働者の群を見る。そして小説の終わり近くでは日暮れ時、空腹を抱えて街路をさまよう彼女を、仕事から帰る労働者の群がこづいていく

解　説

のである。それは長い長い労働の一日であった。彼女は日々の戦いに疲れ果て、ついには死という暗黒の夜を待ち望むのである。

　それにしても当初のジェルヴェーズの望みはささやかなものであった。「ボンクール館」Hôtel Boncœur。「善良な心」という名を持つこのホテルは、内縁の夫ランチエと共に南仏からパリに上ってきたジェルヴェーズが、最初に滞在している安ホテルである。彼女は真面目に一生懸命働いて自分の家をもち、食べるものと寝るところさえあればいいと思っていた。そして「ぶたれないこと」。小さい頃、アル中の父親アントワーヌ・マカールから、いつもぶたれていたのだった。一体何が彼女の運命を狂わせたのだろうか。

　「グット゠ドール」Goutte d'or（金色の滴）の名前の由来は、13世紀以来、このあたりで葡萄が栽培されていたことによる。しかしそれははからずも、コロンブ親父の経営する居酒屋の蒸留器から一滴一滴と分泌されるアルコールの汗を喚起する。強い酒は労働者たちの身体を徐々にむしばんでいくのだ。屋根から落ちて仕事のできなくなった夫クーポーは、しだいに安酒に溺れていく。「アソモワール」Assommoir。動詞 assommer（撲殺する）から派生したこの語は、労働者の隠語で、人を打ちのめすような強い安酒を飲ませる居酒屋のことである。しかしこの語は本来、牛馬などを撲殺するための「大棍棒」の意味を持つ。そして絶え間ない打撃は、打つ者、打たれる者双方の意識をついには麻痺させてしまうのである。第1章の「洗濯場」lavoirの

— iii —

# 解　説

場面における、「洗濯棒」battoir での戦いは象徴的だ。喧嘩相手のヴィルジニーの尻をこれでもかとまでに打ち据えるジェルヴェーズは、ほとんど放心状態にあって、人々は無理やり彼女を引き離さねばならなかった。この小説では労働は、洗濯棒であれ、鍛冶工のグージェが打つハンマー（第 6 章）であれ、人の頭を麻痺させるような連続した強烈な打撃として表されている。

　洗濯女であるジェルヴェーズの戦いの相手は、人間の肌からしみ出る汚れ、垢、そして悪臭である。しかし激しい労働に身を任せるうちに、彼女は汚れた洗濯物の放つ強烈な悪臭にも慣れていく。そしてその臭気の中で陶然となった彼女を「生まれてはじめての怠惰」がとらえるのである（第 5 章）。汚れた洗濯物はしだいに家全体を占領し、それとともに彼女の遺伝的悪癖、すなわち怠け癖、うまいものをたらふく食べたいという欲求、さらには性的快楽に対する自制心のなさが助長されていく。この小説は全13章という不吉な数で構成されているが、真ん中の第 7 章でジェルヴェーズが催す大宴会は、彼女の人生の頂点である。しかしそれまで何とかもちこたえてきた彼女の生活は、ランチエの再登場とともに崩れ落ちる。あとは転落の一途である。経済的貧困は倫理的退廃と表裏一体となっている。そしてあれほどきれいだった自慢の青い店には、垢と汚れがこびりつくのである。

　長い一日を終えようとしているジェルヴェーズが、空腹を抱え、客を引こうとして夜の大通りをさまよう第 12 章

解　説

は、悲壮感にあふれている。自由間接話法で示されるジェルヴェーズの独白は、ジェームズ・ジョイスの『ユリシーズ』を予告するとも言われているが、彼女が行きつ戻りつするのは、屠殺場 abattoir とラリボワジエール病院の間であった。獣を屠殺する血塗られた場所と、身よりのない人々が死んでいく真新しく白い施療院。第1章の最後で予感されていたように、彼女の人生は結局、この屠殺場と病院の間に閉じこめられていたのである。それは逃れようのない罠であり、宿命であるかのようだった。

　この小説は単に悲惨な現実を赤裸々に描いた自然主義小説というだけではなく、さまざまな象徴や神話に彩られていることにも注目する必要があるだろう。

　テクストの抜粋に際しては、各章から少しずつ主要な箇所を抜き出して、全体としてある程度まで小説の流れが追えるように配慮したつもりであるが、以下に読者の便宜のため、小説の簡単なあらすじを掲げておくことにする。

　**(第1章)** ジェルヴェーズは、場末の安ホテルの一室で、帽子職人である内縁の夫ランチエの帰りを待っていた。彼女は生まれつき足が少し悪かったが、きれいで気だてのよい働き者の女だった。二人は二ヶ月あまり前、南フランスのプラッサンから、八歳のクロードと四歳のエチエンヌを連れてパリに出てきたのだったが、蓄えはすでに底をついていた。朝帰りしたランチエと口論したあと、ジェルヴェーズが共同の洗濯場へ行くと、そこへやってきた子供たち

解　説

から、ランチエがなけなしの金と身の回りの品をそっくり持ち出して、女工のアデールと出奔したことを知る。憤激したジェルヴェーズは、洗濯場でアデールの姉ヴィルジニーと、洗濯棒を振り回しての大乱闘を演じ、勝利をおさめる。彼女はこれから子供たちとともにただ一人、パリで生きていかねばならなかった。（**第2章**）実直で働き者の屋根職人クーポーが、ジェルヴェーズに結婚を申し込んでくる。彼女は平穏で、食べるものと寝るところさえある生活ができればという慎ましい理想を語る。二人が話をするのはコロンブ親父の経営する居酒屋《アソモワール》で、中庭に置かれた大きな蒸留器がたえまなくアルコールの滴をしたたらせており、ジェルヴェーズに漠然とした恐怖を起こさせるのだった。（**第3章**）二人は結婚式をあげる。親戚や友人が集まり、晩餐までの時間つぶしに、一行は雨の中をルーヴル美術館に出かけることにする。精一杯の晴れ着でめかし込んだ一行は仮装行列のように人目を引き、ルーヴルではあたかも家畜の群のようだった。（**第4章**）夫婦は真面目に働き、娘アンナ（ナナ）が生まれ、隣家の勤勉な鍛冶工グージェ母子と親しくなる。ジェルヴェーズは自分で洗濯屋の店を持ちたいと思うが、そんな時クーポーが屋根から転落するという事故が起こる。しかしジェルヴェーズをひそかに愛するグージェが金を貸してくれて、彼女は念願の店を手に入れる。（**第5章**）店は繁盛しジェルヴェーズは懸命に働くが、仕事をしなくなったクーポーは次第に酒に浸るようになっていく。（**第6章**）ジェルヴェ

解説

ーズはグージェの働く鉄工所の前を通りかかり、彼に会いに行く。グージェと仲間のベック＝サレは、彼女の前でボルト打ちの競争をし、グージェが勝利する。ジェルヴェーズはヴィルジニーに再会し、仲直りするが、ヴィルジニーはしばしばランチエの消息を話して彼女をおびえさせ、クーポーはますます酒に溺れる。(**第7章**) ジェルヴェーズは自宅で親戚や友人を集めての大宴会を開く。しかし食事も終わりに近づいた頃、クーポーが友人だといってランチエを連れてくる。(**第8章**) ランチエはクーポー夫妻の家に住みつくようになり、のらくらしている二人の男を養わねばならなくなったジェルヴェーズは、しだいに借金がかさんでいく。グージェは駆け落ちしようと言うが、彼女は断る。ある夜、泥酔したクーポーが夫婦の部屋を汚したため、悪臭に耐えかねたジェルヴェーズはランチエに誘われるまま彼の部屋へ入ってしまう。(**第9章**) 二人の男と関係を持つようになったジェルヴェーズはますます自堕落になり、店も零落の一途をたどる。同居していたクーポーの母親が死ぬ。家賃を払えなくなった彼女はついに店を手放してヴィルジニーに譲り、夫妻は貧しい人々の住む屋根裏の一隅へ移る。(**第10章**) 貧困と空腹に苦しみ、身なりもかまわなくなったジェルヴェーズは、ついに居酒屋でブランデーを飲み、泥酔するようになる。(**第11章**) 十五歳になった娘のナナはすっかり一人前のコケットな女になり、無軌道な生活を始める。ランチエは今度はヴィルジニーの店を食いつぶし始め、ジェルヴェーズは昔の自分の店の掃

解　説

除女にまで落ちぶれる。(**第12章**)乞食同然になったジェルヴェーズは、空腹に苦しみつつ夜の町をさまよい、男の袖を引こうとするが、だれからも相手にされない。ついに振り向いた男はグージェで、彼は彼女を自分の家へ連れていき食べ物を与える。(**第13章**)クーポーはついに発狂してサン＝タンヌ病院に入り、すさまじい発作のあげくに死ぬ。数ヶ月の後、ジェルヴェーズも慈悲で入れてもらっていた階段下の穴で、ようやく死んでいるのが発見される。

　ゾラは『居酒屋』において、民衆の言語そのものを文学の中に導入しようとした。彼が労働者の隠語を調べる上でしばしば参照したのは、アルフレッド・デルヴォーの『隠語辞典』(Alfred Delvau, *Dictionnaire de la langue verte*, 2e édition, 1866)と、ドゥニ・プロの『崇高なる者』(Denis Poulot, *Le Sublime (Question sociale --- le sublime ou le travailleur comme il est en1870 et ce qu'il peut être)*, 1870)であることが知られている。本書の脚注においては、いくつかの隠語表現に関して、この両書における語句の説明を引用し、それぞれ Delvau, *Sublime* の略語で示した。

　またこの小説における文体の特徴のひとつは、自由間接話法の頻繁な使用である。それは読者が登場人物の思考の中に入ることを可能にすると同時に、たとえば第7章のご馳走の描写に見られるように、一種の集合的な「声」を伝える場合もあることに留意したい。

# L' Assommoir

L'Assommoir

## Chapitre I

 Gervaise avait attendu Lantier jusqu'à deux heures du matin. Puis, toute frissonnante d'être restée en camisole à l'air vif de la fenêtre, elle s'était assoupie, jetée en travers du lit, fiévreuse, les joues trempées de larmes. Depuis huit jours, au sortir du Veau à Deux Têtes, où ils mangeaient, il l'envoyait se coucher avec les enfants et ne reparaissait que tard dans la nuit, en racontant qu'il cherchait du travail. Ce soir-là, pendant qu'elle guettait son retour, elle croyait l'avoir vu entrer au bal du Grand-Balcon, dont les dix fenêtres flambantes éclairaient d'une

---

2) **toute frissonnante d'être restée en camisole**：「ブラウスのままでいたためにすっかり寒さに震えて」。toutは、次にくる形容詞を強調する副詞で、「すっかり、とても」の意味。子音または有音のhで始まる女性形容詞の前でのみ、性数変化するので、ここではtouteとなっている。être restéeは、不定詞resterの複合形（完了形）。camisoleは、田舎風の「袖付きの短いブラウス」で、下着として用いられることもある。　3) **elle s'était assoupie**：「彼女は眠り込んでしまっていた」。動詞はs'assoupirの直説法大過去形。　4) **en travers de ......**：「……に対して横に、横方向に」。　5) **Depuis huit jours**：「1週間前から」。huit

居酒屋

# 第 1 章

　ジェルヴェーズは午前二時までランチエを待っていた。それから薄いブラウス一枚で窓辺の冷たい空気にあたっていたために寒さに身震いしながら、ベッドに横から倒れ込み、熱っぽい体で、涙で頬をぬらしながら眠り込んでしまったのだった。一週間前から彼は、いつも一緒に食事をしている《双頭の子牛軒》から外に出ると、彼女を子供たちと一緒に先に寝に帰し、仕事を探してくると言って、夜遅くまで戻ってこなかった。昨夜も彼女が彼の帰りをうかがっていると、十個のきらめく窓が、外周道路の黒い線を燃えるような光の幕で照らし出している《グラン＝バルコン》のダンスホールに、彼が入っていくのが見えたように

---

joursは「8日間」だが、慣用的には「1週間」のこと。Cf. quinze jours「2週間」。　6) **au sortir de ......**：「……から出るときに」。**où ils mangeaient**：この動詞の半過去形は、次の envoyait, reparaissaitの場合と同様、毎晩反復された行為であることを示す。　7) **il l'envoyait se coucher**：「彼は彼女を寝に行かせた」。envoyer qn + inf. は「（人）に……しに行かせる」。　8) **ne reparaissait que tard dans la nuit**：ne......que...... は「……しか……ない」という制限を表す表現。「夜遅くにしか、ふたたび姿を見せなかった」。

L' Assommoir

nappe d'incendie la coulée noire des boulevards extérieurs ; et, derrière lui, elle avait aperçu la petite Adèle, une brunisseuse qui dînait à leur restaurant, marchant à cinq ou six pas, les mains
5 ballantes, comme si elle venait de lui quitter le bras pour ne pas passer ensemble sous la clarté crue des globes de la porte.

Quand Gervaise s'éveilla, vers cinq heures, raidie, les reins brisés, elle éclata en sanglots.
10 Lantier n'était pas rentré.　Pour la première fois, il découchait.　Elle resta assise au bord du lit, sous le lambeau de perse déteinte qui tombait de la flèche attachée au plafond par une ficelle.

[……]

15 　L'hôtel se trouvait sur le boulevard de la

---

1) **boulevards extérieurs**:「外周道路」。「徴税請負人の壁」le mur des Fermiers Générauxと呼ばれたパリを取り囲む城壁（1859年以前）のすぐ外側に位置して、パリをぐるりと取り囲んでいる大通り。　3) **une brunisseuse**:「金属磨きの女工」。 **leur restaurant**:「彼らの（行きつけの）レストラン」。　4) **à cinq ou six pas**:「5-6歩離れたところを」。　5) **comme si ……**:「まるで……であるかのように」。 **lui quitter le bras**:「彼の腕を

居 酒 屋

思った。そして彼の後ろには、金属磨きの女工で、同じ食堂で食事をしている小柄なアデールが、五、六歩遅れて歩いてくるのが見えたのだった。アデールは入り口の電灯のどぎつい光の下を一緒に通らなくてすむように、まるで今しがた彼の腕を離したばかりという様子で、両手をぶらぶらさせていた。

　ジェルヴェーズは五時頃に、体はこわばり、腰はくだけそうに痛んで目を覚ますと、どっと泣き崩れた。ランチエは帰っていなかった。彼は初めて外泊したのだった。彼女は、細紐で天井に取り付けられた留め具から垂れ下がる色あせたインド更紗のぼろ布の下で、ベッドの縁に座り込んだ。

　[……]

　ホテルはラ・シャペル大通りに面しており、ポワソニエ

---

離す」。　9) **éclater en sanglots**:「どっと泣き出す、泣きじゃくる」。　10) **pour la première fois**:「はじめて」。　12) **perse**:「インド更紗」。室内装飾用のプリント生地。　13) **flèche**:「(ベッドの上のカーテンをとめる)留め具」。　15) **le boulevard de la Chapelle**:「ラ・シャペル大通り」。現在も同じ名称。前述の「外周道路」boulevards extérieurs の一部。

L' Assommoir

Chapelle, à gauche de la barrière Poissonnière. C'était une masure de deux étages, peinte en rouge lie-de-vin jusqu'au second, avec des persiennes pourries par la pluie.　Au-dessus d'une lanterne aux vitres étoilées, on parvenait à lire, entre les deux fenêtres : *Hôtel Boncœur, tenu par Marsoullier*, en grandes lettres jaunes, dont la moisissure du plâtre avait emporté des morceaux.　Gervaise, que la lanterne gênait, se haussait, son mouchoir sur les lèvres.　Elle regardait à droite, du côté du boulevard de Rochechouart, où des groupes de bouchers, devant les abattoirs, stationnaient en tabliers sanglants ; et le vent frais apportait une puanteur par moments, une odeur fauve de bêtes massacrées.　Elle regardait à gauche, enfilant un

---

1) **la barrière Poissonnière**：「ポワソニエール市門」。前述のパリの城壁「徴税請負人の壁」には、全部で56の市門が設けられており、そこでパリに入ってくる食料品や建築用材などの生活必需品に入市税がかけられた。ポワソニエール市門は、現在のパリ18区バルベス＝ロシュシュアールの交差点にあたる。　2) **une masure de deux étages**：「3階建てのあばら屋」。étage は「（2階以上の）階」を示すので、日本式には3階建てになる。　5) **vitres étoilées**：「（放射状に）ひびの入ったガラ

— 6 —

居 酒 屋

ール市門の左手にあった。それは三階建てのあばら屋で、三階までぶどう酒の澱のような赤紫色に塗られ、鎧戸は雨に腐っていた。ガラスに星のようなひびの入った角燈の上には、二つの窓の間に、《ボンクール館　マルスリエ経営》という文字がかろうじて読みとれた。それは黄色い大きな文字で書かれていたが、漆喰壁にかびが生えて、ところどころ消えてしまっていた。ジェルヴェーズは角燈が視界をさまたげるので、ハンカチを唇に押し当てたまま背伸びをした。彼女は右側のロシュシュアール大通りの方を見ていたが、そこでは屠殺業者の一群が血だらけの前掛け姿で、屠殺場の前にたむろしていた。そして冷たい風が時折、悪臭を運んできた。虐殺された家畜の血なまぐさい匂いだった。彼女は左手に目をやって、長くのびる大通りを見通し、

---

ス」。　7) **en grandes lettres jaunes, dont la moisissure du plâtre avait emporté des morceaux**：「漆喰壁のかびが、そのいくつかの部分を消してしまった黄色い大きな文字で」。関係代名詞のdontは、(des morceaux) des grandes lettres jaunes「黄色い大きな文字の（いくつかの部分）」を表す。　11) **boulevard de Rochechouart**：「ロシュシュアール大通り」。現在も同じ名称で、前述のラ・シャペル大通りの西の延長線上にあたる外周道路の一部。

— 7 —

L' Assommoir

long ruban d'avenue, s'arrêtant, presque en face
d'elle, à la masse blanche de l'hôpital de
Lariboisière, alors en construction.　Lentement,
d'un bout à l'autre de l'horizon, elle suivait le
5　mur de l'octroi, derrière lequel, la nuit, elle
entendait parfois des cris d'assassinés ; et elle
fouillait les angles écartés, les coins sombres, noirs
d'humidité et d'ordure, avec la peur d'y découvrir
le corps de Lantier, le ventre troué de coups de
10　couteau.　Quand elle levait les yeux, au-delà de
cette muraille grise et interminable qui entourait
la ville d'une bande de désert, elle apercevait une
grande lueur, une poussière de soleil, pleine déjà
du grondement matinal de Paris.　Mais c'était
15　toujours à la barrière Poissonnière qu'elle
revenait, le cou tendu, s'étourdissant à voir
couler, entre les deux pavillons trapus de l'octroi,
le flot ininterrompu d'hommes, de bêtes, de
charrettes, qui descendait des hauteurs de

---

4) **d'un bout à l'autre de l'horizon**：「地平線の端から端まで」。
**le mur de l'octroi**：「入市税関の壁」。「徴税請負人の壁」に同
じ。　5) **derrière lequel**：「その壁の向こう側で」。すなわちパ

— 8 —

居 酒 屋

ほとんど正面にある、そのころ建築中だったラリボワジエール病院の白い建物に目を止めた。それからゆっくりと、地平線の端から端まで、入市税関の壁を目で追っていったが、その壁の向こう側からは夜になると時々、殺される人間の悲鳴が聞こえたのだった。そして彼女は、腹をナイフで突き刺されたランチエの死体を見つけはしないかと恐れながら、湿気と塵芥とで黒く汚れた、人気のない曲がり角や暗い片隅を探った。目を上に上げると、町を砂漠のような帯で取り囲んでいるこの灰色の無限に続く壁の向こうに、はやくもパリの朝のざわめきに満ちた大きな光が、太陽の細かい粒子が見えた。しかしながら彼女の眼差しは、絶えずポワソニエール市門の方へと戻ってくるのだった。彼女は首を伸ばし、入市税関のずんぐりした二つの建物の間に、モンマルトルやラ・シャペルの丘から降りてくる、人や家畜や荷車の絶え間ない流れを見て呆然としていた。

---

リの市内のこと。前置詞のあとの lequel は関係代名詞。先行詞 le mur de l'octroi に性数一致して、男性単数形になっている。

L' Assommoir

Montmartre et de la Chapelle.　Il y avait là un piétinement de troupeau, une foule que de brusques arrêts étalaient en mares sur la chaussée, un défilé sans fin d'ouvriers allant au travail, leurs
5 outils sur le dos, leur pain sous le bras ; et la cohue s'engouffrait dans Paris où elle se noyait, continuellement.　Lorsque Gervaise, parmi tout ce monde, croyait reconnaître Lantier, elle se penchait davantage, au risque de tomber ; puis,
10 elle appuyait plus fortement son mouchoir sur sa bouche, comme pour renfoncer sa douleur.

　　　　＊　　＊　　＊　　＊　　＊

Sur le boulevard, Gervaise tourna à gauche et suivit la rue Neuve-de-la-Goutte-d'Or.　En passant devant la boutique de M$^{me}$ Fauconnier,
15 elle salua d'un petit signe de tête.　Le lavoir était situé vers le milieu de la rue, à l'endroit où le pavé commençait à monter.　Au-dessus d'un bâtiment plat, trois énormes réservoirs d'eau, des cylindres de zinc fortement boulonnés,

---

3) **étalaient en mares**：前置詞 en はこの場合「状態・形状」を示す。en mares は「水たまり状に」　9) **au risque de……**：「……

居 酒 屋

市門のところで群れは足踏みし、突然の停止のために群衆は車道の上に水たまりのように広がり、道具を背中に、パンを小脇に抱えて仕事へと向かう労働者が、果てしない行列を作っていた。そしてその群れは絶え間なくパリへとなだれ込み、そこに呑みこまれていった。ジェルヴェーズはこうしたすべての人々の中にランチエの姿を認めたように思うと、窓から落ちそうになるのも気にかけずに、もっと前へと身を乗り出した。それから苦痛を押し込もうとするかのように、いっそう強くハンカチを口に押し当てた。

　　　　＊　　　＊　　　＊　　　＊　　　＊

　大通りにでると、ジェルヴェーズは左に曲がり、ヌーヴ＝ド＝ラ＝グット＝ドール通りを通った。フォーコニエ夫人の店の前を通るときには、軽く会釈した。洗濯場は、通りの中ほどで、石畳の道がちょうど上り坂になるところにあった。平べったい建物の上に、三つの巨大な貯水タンクの、ボルトで強くしめられた亜鉛の円筒が、灰色の丸い形の危険を冒して」。

L' Assommoir

montraient leurs rondeurs grises ; tandis que, derrière, s'élevait le séchoir, un deuxième étage très haut, clos de tous les côtés par des persiennes à lames minces, au travers desquelles passait le grand air, et qui laissaient voir des pièces de linge séchant sur des fils de laiton.　A droite des réservoirs, le tuyau étroit de la machine à vapeur soufflait, d'une haleine rude et régulière, des jets de fumée blanche.　Gervaise, sans retrousser ses jupes, en femme habituée aux flaques, s'engagea sous la porte, encombrée de jarres d'eau de javel.

[……]

C'était un immense hangar, à plafond plat, à poutres apparentes, monté sur des piliers de fonte, fermé par de larges fenêtres claires.　Un plein jour blafard passait librement dans la buée chaude suspendue comme un brouillard laiteux. Des fumées montaient de certains coins, s'étalant,

---

4) **au travers desquelles passait le grand air**：「それら（目の細かい鎧戸）を通して風が通る」。au travers de …… は「……を通して」。desquellesは、de + lesquelles（関係代名詞）。　10) **en femme habituée aux flaques**：「水たまりに慣れた女らしく」。こ

居 酒 屋

を見せていた。その後ろには、乾燥場が建っていたが、それは非常に高い三階にあり、周囲はすべて、風をよく通す目の細かい鎧戸で閉じられていて、その隙間からは真鍮の針金に干した下着類が見えていた。貯水タンクの右側には、蒸気機関の細いパイプが、荒々しく規則正しい息づかいで、白い煙を吐き出していた。ジェルヴェーズは水たまりに慣れた女らしく、スカートをたくし上げもしないでジャヴェル水の入った水瓶が所狭しと並んでいる入り口を入っていった。

［……］

それは床の平らな、だだっ広い倉庫のような建物で、梁はむき出しになっており、鋳鉄の柱の上に建てられ、大きな明るい窓がめぐらされていた。乳白色のもやのように漂っている熱い湯気の中に、どんよりとした昼の光がたっぷりと射し込んでいた。いくつかの片隅から煙が立ちのぼ

---

の場合の前置詞 en は、「……として」という資格を表す。Cf. parler en ami「友人として話す」、traiter qn en esclave「（人）を奴隷扱いする」など。　11) **eau de javel**：「ジャヴェル水」。漂白・殺菌用の次亜塩素酸ナトリウムの水溶液。

— 13 —

L'Assommoir

noyant les fonds d'un voile bleuâtre. Il pleuvait une humidité lourde, chargée d'une odeur savonneuse, une odeur fade, moite, continue; et, par moments, des souffles plus forts d'eau de
5 javel dominaient. Le long des batteries, aux deux côtés de l'allée centrale, il y avait des files de femmes, les bras nus jusqu'aux épaules, le cou nu, les jupes raccourcies montrant des bas de couleur et de gros souliers lacés. Elles tapaient
10 furieusement, riaient, se renversaient pour crier un mot dans le vacarme, se penchaient au fond de leurs baquets, ordurières, brutales, dégingandées, trempées comme par une averse, les chairs rougies et fumantes. Autour d'elles,
15 sous elles, coulait un grand ruissellement, les seaux d'eau chaude promenés et vidés d'un trait, les robinets d'eau froide ouverts, pissant de haut, les éclaboussements des battoirs, les égouttures

---

1) **Il pleuvait une humidité lourde**：「重苦しい湿気が降り注いでいた」。il は非人称の主語。意味上の主語（ここでは une humidité lourde) をともなっている場合は、「……が降り注ぐ、雨のように降る」の意味。　5) **le long de ......**：「……に沿って」。　**batterie**：「洗い場、洗濯棒でたたく場所」。この時代

居 酒 屋

り、あたりに広がって、青みがかったヴェールで奥の方をぼやけさせていた。石鹸の、むっとするような湿っぽく執拗な匂いを帯びた重苦しい湿気が、あたりに降り注いでいた。そして時折、もっと強烈なジャヴェル水の匂いが鼻をついた。中央の通路の両側では、洗い場に沿って女たちが列を作り、肩まで腕をあらわにして、首もむき出しにし、たくし上げたスカートから色靴下と頑丈な編み上げ靴を見せていた。彼女たちは猛然と洗濯棒でたたいたり、笑ったり、喧噪の中で身をのけぞらせて大声で叫んだり、バケツの底にかがみ込んだりしていたが、どの女も皆、汚らしく乱暴で不格好で、びしょぬれになり、肌は紅潮して湯気を立てていた。彼女たちの周りやその足元では、大水が流れていた。お湯の入ったバケツが運ばれて一気にぶちまけられ、冷水の水栓は開けっ放しで上から水を落とし、洗濯棒は水しぶきをあげ、すすいだ下着からは滴が垂れており、

---

の洗濯は、洗濯棒(battoir)でたたく(battre)ことで汚れを浮き立たせた。　12) **ordurières, brutales, dégingandées, trempées……**：これら女性複数形の形容詞はすべて、主語のellesを修飾する。
16) **d'un trait**：「一気に」。

L'Assommoir

des linges rincés, les mares où elles pataugeaient s'en allant par petits ruisseaux sur les dalles en pente.　　Et, au milieu des cris, des coups cadencés, du bruit murmurant de pluie, de cette
5 clameur d'orage s'étouffant sous le plafond mouillé, la machine à vapeur, à droite, toute blanche d'une rosée fine, haletait et ronflait sans relâche, avec la trépidation dansante de son volant qui semblait régler l'énormité du tapage.

*　　*　　*　　*　　*

10　　Par terre, la lutte continuait.　　Tout d'un coup, Virginie se redressa sur les genoux.　　Elle venait de ramasser un battoir, elle le brandissait.　　Elle râlait, la voix changée :

« Voilà du chien, attends ! Apprête ton linge
15 sale ! »

Gervaise, vivement, allongea la main, prit également un battoir, le tint levé comme une massue.　　Et elle avait, elle aussi, une voix rauque.

---

2) **s'en allant par petits ruisseaux**：s'en aller は「立ち去る、なくなる」という熟語表現。「いくつもの細い川になって流れ去る」。現在分詞は les mares を修飾する。　17) **le tint levé**：「そ

居 酒 屋

彼女たちがその上を歩いている水たまりは、傾斜した敷石の上を、幾筋もの小川になって流れていた。そして叫び声や調子をとった打棒の音、雨のようなざあざあという音、湿った天井の下に立ちこもるこの嵐のような喧噪のただ中で、右手にある蒸気機関が、細かい露で真っ白になり、絶え間なく息を弾ませ、ごうごうと音を立てていたが、そのハンドルの踊るような震動は、このすさまじい喧噪を指揮しているかのようだった。

　　　　＊　　　＊　　　＊　　　＊　　　＊

　地面の上で格闘は続いていた。突然ヴィルジニーが両膝をついて身を起こした。彼女はいましがた洗濯棒を一本拾ったところで、その棒を振り回していた。彼女はぜいぜいと息を切らし、声も変わっていた。

「畜生め、待ってなよ！　お前さんの汚い肌着を用意しておきな！」

　ジェルヴェーズもさっと手を伸ばして一本の洗濯棒をつかみ取ると、それを棍棒のように振りかざした。彼女もまた、しゃがれ声になっていた。

---

れ（洗濯棒）を持ち上げた状態にした→振りかざした」。tenir + 直接目的語 + 属詞（または状況補語）で、「……を（ある状態に）保つ」。

L' Assommoir

«Ah ! tu veux la grande lessive... Donne ta peau, que j'en fasse des torchons ! »

Un moment, elles restèrent là, agenouillées, à se menacer. Les cheveux dans la face, la poitrine
5 soufflante, boueuses, tuméfiées, elles se guettaient, attendant, reprenant haleine. Gervaise porta le premier coup ; son battoir glissa sur l'épaule de Virginie. Et elle se jeta de côté pour éviter le battoir de celle-ci, qui lui effleura
10 la hanche. Alors, mises en train, elles se tapèrent comme les laveuses tapent leur linge, rudement, en cadence. Quand elles se touchaient, le coup s'amortissait, on aurait dit une claque dans un baquet d'eau.

15 Autour d'elles, les blanchisseuses ne riaient plus ; plusieurs s'en étaient allées, en disant que

---

1) **Donne ta peau, que j'en fasse des torchons.**：この場合のqueは、接続詞。命令文のあとで pour que……「……するために」に相当。pour queに続く従属節の中の動詞は接続法になる。つまり動詞 fasseは、faireの接続法現在形。enは、faire A de B「BをAにする」のde Bを代名詞にしたもの。「それ（おまえの肌）を雑巾にする」の意。　4) **se menacer**：「互いに相手を威嚇する」。代名動詞の相互的用法。　8) **de côté**：「横に、わき

— 18 —

居 酒 屋

「ああ！　大洗濯をしたいのかい……お前さんの肌を貸しな、雑巾みたいにしてやるから！」

少しの間、ふたりはひざをついたまま、じっとにらみ合った。髪の毛は顔にかぶさり、胸は波打ち、泥だらけになって、腫れ上がった顔をして、彼女たちは待ちかまえ、息を正しながら、互いに隙をうかがっていた。ジェルヴェーズが最初に打ちかかった。彼女の洗濯棒は、ヴィルジニーの肩の上をすべった。そして彼女は相手の洗濯棒を避けるために横に飛びのいたが、棒は彼女の腰をかすめた。こうして殴り合いは始まり、彼女たちは洗濯女が洗い物をたたくように、荒々しく調子をとって互いをたたき合った。相手の体に当たったときには、音は鈍り、水桶の中を平手で打つような音がした。

ふたりのまわりでは、洗濯女たちはもう笑ってはいなかった。胃袋がつぶれそうだと言って、立ち去ってしまった

---

に」。　9) **celle-ci**：Virginie を受ける。　12) **Quand elles se touchaient**：この場合の toucher は「当てる、命中させる、突きを入れる」の意味。se toucher は代名動詞の相互的用法で、「(互いに) 相手の体に命中させる」こと。　13) **on aurait dit**：「まるで……のようだった」。　16) **s'en étaient allées**：s'en aller 「立ち去る、行ってしまう」の直説法大過去形。

L'Assommoir

ça leur cassait l'estomac ; les autres, celles qui restaient, allongeaient le cou, les yeux allumés d'une lueur de cruauté, trouvant ces gaillardes-là très crânes.　M^me Boche avait emmené Claude
5 et Étienne : et l'on entendait, à l'autre bout, l'éclat de leurs sanglots mêlé aux heurts sonores des deux battoirs.

　Mais Gervaise, brusquement, hurla.　Virginie venait de l'atteindre à toute volée sur son bras
10 nu, au-dessus du coude ; une plaque rouge parut, la chair enfla tout de suite.　Alors, elle se rua. On crut qu'elle voulait assommer l'autre.

　« Assez !  Assez ! » cria-t-on.

　Elle avait un visage si terrible, que personne
15 n'osa approcher.　Les forces décuplées, elle saisit Virginie par la taille, la plia, lui colla la figure sur les dalles, les reins en l'air ; et, malgré les secousses, elle lui releva les jupes, largement. Dessous, il y avait un pantalon.　Elle passa la

---

1) **celles qui restaient**：「残っていた女たち」。celles は関係代名詞の先行詞で人（女性複数）を表す。　　4) **crâne**： "sert de

居 酒 屋

女たちもいた。その場に残ったほかの女たちは、このふたりが実に勇敢だと思って、首を伸ばし、残忍な光で目を輝かせていた。ボッシュのかみさんは、クロードとエチエンヌをその場から連れ去ってくれていた。そして反対の端では彼らのしゃくりあげる泣き声が、二本の洗濯棒のぶつかりあう響きに混じって聞こえていた。

しかしジェルヴェーズが、突然うめき声をあげた。ヴィルジニーが、彼女のむき出しの腕の肘の上のところを、力いっぱいにたたきつけたのだった。赤い斑紋が現れて、たちまち肉がふくれあがった。ジェルヴェーズは飛びかかった。相手を殴り殺そうとするかのようだった。

「もういいよ！　もういいよ！」と人々は叫んだ。

彼女があまりにもすさまじい形相をしていたので、だれも近づこうとはしなかった。何倍もの力を奮い起こして、彼女はヴィルジニーの胴をつかむと、体を二つに折り曲げて、顔を敷石に押しつけ、腰を持ち上げた。そして相手がもがくのにもかまわず、スカートを高々とまくりあげた。その下には長いズロースがあった。彼女はスリットに手を

---

superlatif à fort, beau, courageux" (Delvau)「すごい、見事な、勇ましい」。　9) **à toute volée**:「力任せに、勢いよく」。

L' Assommoir

main dans la fente, l'arracha, montra tout, les cuisses nues, les fesses nues.　Puis, le battoir levé, elle se mit à battre, comme elle battait autrefois à Plassans, au bord de la Viorne, quand
5 sa patronne lavait le linge de la garnison.　Le bois mollissait dans les chairs avec un bruit mouillé.　A chaque tape, une bande rouge marbrait la peau blanche.

«Oh !　oh !» murmurait le garçon Charles,
10 émerveillé, les yeux agrandis.

Des rires, de nouveau, avaient couru.　Mais bientôt le cri : Assez !　assez ! recommença. Gervaise n'entendait pas, ne se lassait pas.　Elle regardait sa besogne, penchée, préoccupée de ne
15 pas laisser une place sèche.　Elle voulait toute cette peau battue, couverte de confusion.　Et elle causait, prise d'une gaieté féroce, se rappelant une chanson de lavandière :

«Pan ! pan !　Margot au lavoir...　Pan ! pan !

---

5) **Le bois mollissait dans les chairs**：mollir は「(力が) 弱まる、鈍る」。「木 (の棒) は、(柔らかい) 肉の中にくい込んだ」。
16) **couverte de confusion**：「恥ずかしさでおおわれた、恥じ

— 22 —

居 酒 屋

入れるとそれを引きちぎり、太股も尻もすべてをむき出しにした。それから洗濯棒を振り上げると、昔プラッサンで、彼女の女主人が駐屯部隊の洗濯をしていたときに、ヴィオルヌ川のほとりで洗濯物をたたいていたように、棒でたたき始めた。木の棒は肉にくい込んで、鈍く湿った音をたてた。ひと打ちごとに白い肌に赤い筋がまだらに浮かび上がった。

「おお！　おお！」小僧のシャルルは驚嘆し、目をみはってつぶやいた。

ふたたび笑い声がわき起こっていた。しかしまもなく、もういいよ！　もういいよ！　という叫び声がまた始まった。ジェルヴェーズは聞く耳を持たず、疲れも知らなかった。彼女は身をかがめて自分の仕事にじっと目を注ぎ、少しでも乾いた箇所を残すまいと躍起になっていた。彼女はこの肌全体を打ちのめし、辱めてやりたいと思っていた。そして残忍な陽気さにとらわれて、洗濯女の歌を思い出しながら口ずさんだ。

「パン！　パン！　マルゴは洗濯場へ……パン！　パ

---

入った」。ここでは打ち傷で真っ赤にするという意味あいも含んでいると思われる。

L'Assommoir

à coups de battoir... Pan ! pan ! va laver son cœur... Pan ! pan ! tout noir de douleur... »

Et elle reprenait :

«Ça c'est pour toi, ça c'est pour ta sœur, ça
5 c'est pour Lantier... Quand tu les verras, tu leur donneras ça... Attention ! je recommence. Ça c'est pour Lantier, ça c'est pour ta sœur, ça c'est pour toi... Pan ! pan ! Margot au lavoir... Pan ! pan ! à coups de battoir... »

10  On dut lui arracher Virginie des mains.

\*   \*   \*   \*   \*

Quand Gervaise mit le pied dans l'allée de l'hôtel Boncœur, les larmes la reprirent. C'était une allée noire, étroite, avec un ruisseau longeant le mur, pour les eaux sales ; et cette puanteur
15 qu'elle retrouvait lui faisait songer aux quinze jours passés là avec Lantier, quinze jours de misère et de querelles, dont le souvenir, à cette heure, était un regret cuisant. Il lui sembla

---

10) **lui arracher Virginie des mains**：ここでは arracher ... à qn「（人）から…を引き離す、取り上げる」と arracher ... de qc「（場所など）から…を引き離す」が一体となり、「彼女（ジェルヴェー

居 酒 屋

ン！洗濯棒をたたいて……パン！　パン！苦しみで真っ黒な……パン！　パン！心を洗いに行くんだよ……」

　彼女はまたこんなふうに続けた。

「これはお前さんの分、これは妹の分、これはランチエの分……あいつらに会ったら返してやりな……それ！　もう一回。これはランチエの分、これは妹の分、これはお前さんの分……パン！　パン！　マルゴは洗濯場へ……パン！　パン！洗濯棒をたたいて……」

　人々は彼女の手からヴィルジニーを引き離さなければならなかった。

　　　　　＊　　　＊　　　＊　　　＊　　　＊

　ジェルヴェーズはボンクール館の路地に足を踏み入れると、ふたたび涙がこみ上げてきた。それは黒くて狭い路地で、壁沿いには汚水の溝が流れていた。その臭気をふたたび嗅ぐと、ランチエとともにそこで過ごした二週間のことが思い出された。それは極貧と喧嘩との二週間だったが、その思い出も今となっては胸の痛むなつかしさだった。彼

---

ズ）から」「その手から」「ヴェルジニーを引き離す」の意味。
15) **lui faisait songer**：「彼女に考えさせた」。faireは使役「……させる」。　16) **quinze jours**：(慣用的に)「2週間」。

L'Assommoir

entrer dans son abandon.

En haut, la chambre était nue, pleine de soleil, la fenêtre ouverte. Ce coup de soleil, cette nappe de poussière d'or dansante, rendait lamentables
5 le plafond noir, les murs au papier arraché. Il n'y avait plus, à un clou de la cheminée, qu'un petit fichu de femme, tordu comme une ficelle.
[……]
Elle pendit son linge au dossier d'une chaise,
10 elle demeura debout, tournant, examinant les meubles, frappée d'une telle stupeur, que ses larmes ne coulaient plus. Il lui restait un sou sur les quatre sous gardés pour le lavoir. Puis, entendant rire à la fenêtre Étienne et Claude,
15 déjà consolés, elle s'approcha, prit leurs têtes sous ses bras, s'oublia un instant devant cette chaussée grise, où elle avait vu, le matin, s'éveiller le peuple ouvrier, le travail géant de Paris. A cette heure, le pavé échauffé par les besognes du jour allumait

---

5) **Il n'y avait plus …… qu'un petit fichu de femme**：ne …… plus que ……「もはや……しか……ない」。　11) **frappée d'une telle stupeur, que ses larmes ne coulaient plus**「あまりの驚愕に打たれたので、涙ももはや流れなかった」。tel……que……「あま

女はまるで棄てられた自分の中に入るような気がした。

　上にあがると部屋はがらんとし、窓が開いていて、太陽がいっぱいに射し込んでいた。この強い太陽の光、舞い踊る金色の埃の広がりは、黒い天井や壁紙の破れた壁を惨めなものにしていた。マントルピースの釘に、細紐のようにねじれた小さな女物の肩掛けが一枚掛かっているだけだった。

　［……］

　彼女は椅子の背に洗濯物を掛け、立ったままで、家具をひっくり返したり、詳しく調べたりしたが、あまりにも愕然としたので、もはや涙も出なかった。洗濯代にとっておいた四スウのうち、一スウだけが残っていた。それから、もう機嫌のなおったエチエンヌとクロードが窓辺で笑うのを聞いて、彼女は近づき、彼らの頭を腕に抱き抱えると、しばしの間、その灰色の街路を前にして、われを忘れた。そこで今朝方、彼女は働く民衆が、パリの巨大な労働が目覚めるのを見たのだった。この時刻には、昼間の仕事によって熱せられた舗道が、入市税関の壁の向こう側で、パリ

---

りの……なので……」。　12) **Il lui restait un sou**：ilは非人称の主語。「彼女には１スウ残っていた」「スウ」は昔のお金の単位で、20スウが１フランに相当する。

une réverbération ardente au-dessus de la ville, derrière le mur de l'octroi.　C'était sur ce pavé, dans cet air de fournaise, qu'on la jetait toute seule avec les petits ; et elle enfila d'un regard les boulevards extérieurs, à droite, à gauche, s'arrêtant aux deux bouts, prise d'une épouvante sourde, comme si sa vie, désormais, allait tenir là, entre un abattoir et un hôpital.

## Chapitre II

Trois semaines plus tard, vers onze heures et demie, un jour de beau soleil, Gervaise et Coupeau, l'ouvrier zingueur, mangeaient ensemble une prune, à l'Assommoir du père Colombe.　Coupeau, qui fumait une cigarette

---

2) **C'était sur ce pavé……, qu'on la jetait toute seule……** : c'est……que…… は強調構文。jeter qn sur le pavé は「(人) を表にたたき出す；首にする」の意味だが、ここでは文字どおり「舗道の上に投げ出す」の意味。　　4) **enfiler d'un regard**：「視線を通す、目をすべらせる」。　　7) **comme si sa vie, désormais, allait tenir là……** : comme si…… は「まるで……のように」。aller + 不定詞は近接未来を表す。tenir はここでは自動詞で、「(あ

居酒屋

の町の上に燃えるような光の反射を投げかけていた。彼女が子供たちとともにたったひとりで投げ捨てられたのは、この舗道の上、この燃えさかるかまどのような空気の中であった。そして彼女は、外周道路の右と左へ視線をすべらせ、その両端で目を止めると、あたかも彼女の生涯が、今後そこに、屠殺場と病院のあいだに閉じこめられようとしているかのように、ひそかな恐怖にとらわれた。

## 第2章

　三週間後、ある晴れた日の十一時半頃、ジェルヴェーズと屋根職人のクーポーは、コロンブ親父の《アソモワール》で、一緒にブランデー漬けのプラムを食べていた。彼女が洗濯物を届けた帰り道、通りを横切っていると、舗道の上

---

る空間に）収まる」の意味。
11) **l'ouvrier zingueur**：「屋根職人」。屋根の樋や煙突の笠など亜鉛板(zinc)を使う仕事をする職人。couvreurともいう。　12) **une prune**：ここでは「ブランデー漬けのプラムをひとつ」のこと。　**l'Assommoir**：この語については解説を参照のこと。ここでは大文字で店の名前として使われているので、《アソモワール》としておく。

## L'Assommoir

sur le trottoir, l'avait forcée à entrer, comme elle traversait la rue, revenant de porter du linge ; et son grand panier carré de blanchisseuse était par terre, près d'elle, derrière la petite table de zinc.

5 L'Assommoir du père Colombe se trouvait au coin de la rue des Poissonniers et du boulevard de Rochechouart. L'enseigne portait, en longues lettres bleues, le seul mot : *Distillation*, d'un bout à l'autre. Il y avait à la porte, dans deux moitiés
10 de futaille, des lauriers-roses poussiéreux. Le comptoir énorme, avec ses files de verres, sa fontaine et ses mesures d'étain, s'allongeait à gauche en entrant ; et la vaste salle, tout autour, était ornée de gros tonneaux peints en jaune clair,
15 miroitants de vernis, dont les cercles et les cannelles de cuivre luisaient. Plus haut, sur des étagères, des bouteilles de liqueurs, des bocaux de fruits, toutes sortes de fioles en bon ordre,

---

1) **l'avait forcée à entrer**：「彼女を無理に入らせた」。forcer qn à + 不定詞「(人) に無理矢理……させる」。　2) **revenant de porter du linge**：revenir de + 不定詞で「……して戻ってくる」なので、「洗濯物を届けて戻ってくる」の意。　12) **fontaine**：「酒

で煙草をふかしていたクーポーが、無理矢理そこに入らせたのだった。それで洗濯女の持つ大きな四角い篭が、彼女のすぐ横の床の上の、亜鉛張りの小さなテーブルの後ろにおいてあった。

　コロンブ親父の《アソモワール》は、ポワソニエ通りとロシュシュアール大通りの角にあった。看板には、端から端にわたって、青い長い文字で、ただ一言《蒸留酒》とだけ書かれていた。入り口には、酒樽を半分に切ったもの二つに、埃だらけの夾竹桃が植わっていた。入って左手には、幾列ものグラスや酒樽の口や錫の計量升の並んだ巨大なカウンターが長く伸びていた。そして広い室内の周囲全体は、明るい黄色に塗られニスでぴかぴか光っている大きな樽で飾られており、その銅製の輪金と樽栓が、燦然ときらめいていた。上の方では、棚の上に、リキュールの瓶や果

---

樽の注ぎ口」。　mesures：「計量升」　15) **dont les cercles et les cannelles de cuivre**：関係代名詞 dont の先行詞は de gros tonneaux。「その（大きな樽の）銅でできた輪金と樽栓」。

— 31 —

L' Assommoir

cachaient les murs, reflétaient dans la glace, derrière le comptoir, leurs taches vives, vert pomme, or pâle, laque tendre.　Mais la curiosité de la maison était, au fond, de l'autre côté d'une
5 barrière de chêne, dans une cour vitrée, l'appareil à distiller que les consommateurs voyaient fonctionner, des alambics aux longs cols, des serpentins descendant sous terre, une cuisine du diable devant laquelle venaient rêver les ouvriers
10 soûlards.

　A cette heure du déjeuner, l'Assommoir restait vide.　Un gros homme de quarante ans, le père Colombe, en gilet à manches, servait une petite fille d'une dizaine d'années, qui lui demandait
15 quatre sous de goutte dans une tasse.　Une nappe de soleil entrait par la porte, chauffait le parquet toujours humide des crachats des fumeurs.　Et, du comptoir, des tonneaux, de toute la salle,

---

2) **leurs taches vives**：「それらの色鮮やかな色班」。tacheは、ゾラがマネに関する美術評論などにおいて多用する用語。1850年頃の初出で、「ひとつの色の地の上に塗られた別の色」のこと。　10) **soûlard**：「《俗》酒好きの、酔っぱらいの」。　15) **quatre**

居 酒 屋

実酒の広口瓶といったあらゆる種類のガラス瓶が整然と並んで、壁を隠し、カウンターの後ろの鏡の中に、青リンゴ色や薄金色、淡い漆色の鮮明な色班を映し出していた。しかしその店の名物といえば、一番奥のナラ材の柵の向こう側の、ガラス張りの中庭に据えられた蒸留機械で、その動きは客の目にも見えた。それは首の長い蒸留器、地面の下に潜る螺旋管で、酒好きの労働者たちがその前で夢を見にやってくる悪魔の台所だった。

　この昼食どきに、《アソモワール》はがらんとしていた。太った四十男のコロンブ親父は、袖付きのチョッキを着て、茶碗に四スウ分のブランデーを買いに来た十歳くらいの少女に酒を売っていた。太陽の光が入り口から射し込み、煙草を吸う男たちの吐く唾でいつも湿っている寄せ木張りの床を暖めていた。そしてカウンターから、樽から、

---

**sous de goutte**：「4スウ分のブランデー」。goutte は《隠》で「ブランデー」のこと。　18) **du comptoir, des tonneaux, de toute la salle, montait……**：最初の3つの de は「……から」の意。主語は倒置されて動詞 montait の後ろにきている。

— 33 —

L'Assommoir

montait une odeur liquoreuse, une fumée d'alcool qui semblait épaissir et griser les poussières volantes du soleil.

*　　*　　*　　*　　*

«Oh ! c'est vilain de boire ! »　 dit-elle à demi-5 voix.

Et elle raconta qu'autrefois, avec sa mère, elle buvait de l'anisette, à Plassans.　Mais elle avait failli en mourir un jour, et ça l'avait dégoûtée ; elle ne pouvait plus voir les liqueurs.

10　«Tenez, ajouta-t-elle en montrant son verre, j'ai mangé ma prune ; seulement, je laisserai la sauce, parce que ça me ferait du mal.»

Coupeau, lui aussi, ne comprenait pas qu'on pût avaler de pleins verres d'eau-de-vie.　Une 15 prune par-ci par-là, ça n'était pas mauvais.

---

7) **Mais elle avait failli en mourir ...... elle ne pouvait plus voir les liqueurs.**：この部分は自由間接話法。en mourir：en は「それによって、そのために」。mourir de ......は「……で死ぬ」。　　8) **ça l'avait dégoûtée**：「そのことが彼女に嫌悪を起こさせた→それですっかりいやになってしまった」。　12) **ça me ferait du mal**：動詞が条件法現在形になっているのは、「もしそんなことをしたら」という仮定を含む文章であるため。faire du mal

居 酒 屋

部屋全体から、リキュールの匂いが、アルコールの煙が立ちのぼって、太陽の舞い踊る粒子をいっそう濃厚にし、それを酔わせるかのようだった。

　　　　＊　　　＊　　　＊　　　＊　　　＊

「ほんとに、お酒を飲むっていやなことね！」と彼女は小声で言った。

　そして彼女は、昔プラッサンで、母親とアニス酒を飲んでいたと話した。しかしある日、彼女はそのために死にかかって、それですっかりいやになったのだった。もうリキュールを見ることさえできなかった。

「ほら」と彼女は、自分のグラスを見せながら言葉をついだ。「あたしはプラムは食べたけれど、お汁は残すわ。飲んだら気分が悪くなるでしょうから。」

　クーポーもまた、なみなみとついだブランデーのグラスを何杯もあおることができるなどということは、理解できなかった。ときどき酒漬けプラムをひとつ食べるのは、悪

---

à qn は「(人)に害を与える、を苦しめる」。　13) **ne comprenait pas qu'on pût avaler......**：pût は pouvoir の接続法半過去形。主節のcomprendre que......が否定形で用いられているので、従属節では接続法が使われている。　14) **Une prune ......chez le marchand de vin.**：この部分は自由間接話法。　15) **par-ci par-là**：「あちこちで、時折」。

— 35 —

L'Assommoir

Quant au vitriol, à l'absinthe et aux autres cochonneries, bonsoir ! il n'en fallait pas. Les camarades avaient beau le blaguer, il restait à la porte, lorsque ces cheulards-là entraient à la mine
5 à poivre. Le papa Coupeau, qui était zingueur comme lui, s'était écrabouillé la tête sur le pavé de la rue Coquenard, en tombant, un jour de ribote, de la gouttière du n°25 ; et ce souvenir, dans la famille, les rendait tous sages. Lui,
10 lorsqu'il passait rue Coquenard et qu'il voyait la place, il aurait plutôt bu l'eau du ruisseau que d'avaler un canon gratis chez le marchand de vin. Il conclut par cette phrase :

«Dans notre métier, il faut des jambes solides.»
15 Gervaise avait repris son panier. Elle ne se

---

1) **vitriol**：当時の隠語で「強い安ブランデー」のこと。本来は「濃硫酸」を意味する。　**absinthe**：「アプサン酒」。アプサン（ニガヨモギ）で香りをつけた緑色のリキュール。中毒性を持つため、1915年以降、フランスでは販売が禁止されている。
2) **Il n'en fallait pas**：「そんなもの（下司な酒）は必要ない」。Il は非人称の主語。　**Les camarades avaient beau le blaguer**：「仲間たちが彼をどんなにからかおうと」。avoir beau + 不定詞「たとえいくら……しても（無駄である）」。　4) **cheulard**："soûlard" (*Sublime*).「《隠》酔っぱらい」。　**mine à poivre**：

くはない。でも強いブランデーやアプサン酒や、その他の下司な酒はまっぴらだ。そんなものに用はない。仲間たちがいくら彼を馬鹿にしようと、あの酔っぱらいどもが酒場に入っても、自分は戸口にとどまる。クーポーの親父も、彼と同じように屋根職人だったが、ある大酒を飲んだ日に、二十五番地の樋から落ちて、コクナール通りの敷石の上で頭をめちゃくちゃにつぶしてしまったのだった。家族に残るこの思い出は、皆を利口にした。彼も、コクナール通りを通ってその場所を見るときにはいつも、居酒屋でただ酒を一杯あおるよりも、溝の水でも飲む方がましだと思う。彼は最後にこんなふうにいった。

「僕らの商売では、足が丈夫でなくっちゃね。」

ジェルヴェーズはもう篭を手に持っていた。けれども彼女は立ち上がらず、あたかもその若い職人の言葉が、彼女

---

"établissement où l'eau-de-vie consommée est distillée sur place" (Delvau, *Sublime*).「《隠》(蒸留設備をもった) 居酒屋」。　8) **ribotte**=ribote:「《やや古・俗》酒盛り、どんちゃん騒ぎ」。　10) **et qu'il voyait**：que は lorsque の代用。　11) **il aurait plutôt bu**：boire の条件法過去形。「もし酒を飲むくらいならば」という仮定を前提とするため、条件法が用いられている。　12) **un canon gratis**:「ただ酒を一杯」。canon は居酒屋で使われていた計量単位で、約8分の1リットルに相当。容器が銃身のような筒状をしていることから。

— 37 —

L' Assommoir

levait pourtant pas, le tenait sur ses genoux, les regards perdus, rêvant, comme si les paroles du jeune ouvrier éveillaient en elle des pensées lointaines d'existence.　　Et elle dit encore, lentement, sans transition apparente :

«Mon Dieu !　je ne suis pas ambitieuse, je ne demande pas grand-chose...　Mon idéal, ce serait de travailler tranquille, de manger toujours du pain, d'avoir un trou un peu propre pour dormir, vous savez, un lit, une table et deux chaises, pas davantage...　Ah !　je voudrais aussi élever mes enfants, en faire de bons sujets, si c'était possible...　Il y a encore un idéal, ce serait de ne pas être battue, si je me remettais jamais en ménage ; non, ça ne me plairait pas d'être battue...　Et c'est tout, vous voyez, c'est tout... »

Elle cherchait, interrogeait ses désirs, ne trouvait plus rien de sérieux qui la tentât.

---

12) **en faire de bons sujets**：「彼ら（子どもたち）をいい人間にする」。bon sujetは「素行の正しい人間」のこと。　14) **si je me remettais jamais en ménage** : se mettre en ménage は「世帯を持つ」。jamaisは「ある日、いつか」。　17) **ne trouvait plus rien de sérieux qui la tentât**：「彼女の心を引くような真剣なもの

— 38 —

居 酒 屋

の中に、人生についての漠とした考えを呼び起こしたかのように、ぼんやりとした眼差しで物思いに耽りながら、篭を膝の上においたままでいた。それから彼女はまた、ゆっくりとした口調で、前の話とのたいした脈絡もなしに話し出した。

「ああ！　あたしは野心家じゃないし、たいしたことは望まないわ……　あたしの理想は、平穏に仕事をし、いつもパンを食べられて、寝るためのちょっとこぎれいな住みかがあること、つまりベッドがひとつ、テーブルがひとつに椅子が二脚、それ以上はいらないわ……　ああ！　それに子供たちを育てて、できることならいい人間にしてやりたいわ……　それからもうひとつ理想があるわ。それは、もしいつかまた所帯を持つことがあったら、ぶたれないこと、そう、ぶたれるのはいやだわ……　それだけなのよ、ねえ、たったそれだけ。」

彼女は自分の望みを探し求め、それらをよく検討してみて、それ以上彼女の心を引くような真剣な望みは、もはや見いだせなかった。けれども彼女は、ためらった後で言葉

---

（望み）は何も、もはや見つからなかった」。rienのような不定代名詞に形容詞をつけるときはdeを介する。Cf. quelque chose de neuf「何か新しいもの」。tentâtは、tenterの接続法半過去形。この場合は関係節の先行詞がrienであるため、接続法が用いられている。

Cependant, elle reprit, après avoir hésité :

«Oui, on peut à la fin avoir le désir de mourir dans son lit... Moi, après avoir bien trimé toute ma vie, je mourrais volontiers dans mon lit, chez moi.»

Et elle se leva. Coupeau, qui approuvait vivement ses souhaits, était déjà debout, s'inquiétant de l'heure. Mais ils ne sortirent pas tout de suite ; elle eut la curiosité d'aller regarder, au fond, derrière la barrière de chêne, le grand alambic de cuivre rouge, qui fonctionnait sous le vitrage clair de la petite cour ; et le zingueur, qui l'avait suivie, lui expliqua comment ça marchait, indiquant du doigt les différentes pièces de l'appareil, montrant l'énorme cornue d'où tombait un filet limpide d'alcool. L'alambic, avec ses récipients de forme étrange, ses enroulements sans fin de tuyaux, gardait une mine sombre ; pas une fumée ne

---

3) **trimer**：「《話》つらい仕事をする、汗水たらして働く」。 16) **d'où**：「そこから」。 19) **pas une fumée**：「一筋の煙も」。pas

をついだ。

「そう、それから最後には自分のベッドで死にたいという望みを持ってもいいわね……あたしも、一生涯せっせと働いたら、自分の家の自分のベッドで喜んで死ぬわ。」

そして彼女は立ち上がった。クーポーは、彼女の願いに心から同感していたが、時間を気にして、もうすでに立ち上がっていた。けれども彼らはすぐには外に出なかった。彼女は、一番奥の、ナラ材の柵の後ろに、小さな中庭の明るいガラス屋根の下で動いている赤銅の大きな蒸留器を見に行きたがった。屋根職人は、彼女の後をついていって、機械のさまざまな部品を指で指し示したり、アルコールの透明な糸が落ちてくる巨大なレトルトを見せたりしながら、それがどんなふうに動くのかを彼女に説明した。いくつもの奇妙な形の容器や、果てしなく巻き付く管を備えた蒸留器は、陰気な顔つきをしていた。一筋の煙も漏れ出て

---

un(e)は、ne と共に用いて「ひとつの……もない」の意。

L'Assommoir

s'échappait ; à peine entendait-on un souffle intérieur, un ronflement souterrain ; c'était comme une besogne de nuit faite en plein jour, par un travailleur morne, puissant et muet.
5 Cependant, Mes-Bottes, accompagné de ses deux camarades, était venu s'accouder sur la barrière, en attendant qu'un coin du comptoir fût libre. Il avait un rire de poulie mal graissée, hochant la tête, les yeux attendris, fixés sur la machine à
10 soûler.    Tonnerre de Dieu !    elle était bien gentille ! Il y avait, dans ce gros bedon de cuivre, de quoi se tenir le gosier au frais pendant huit jours.    Lui, aurait voulu qu'on lui soudât le bout du serpentin entre les dents, pour sentir le

---

1) **à peine......**:「ほとんど……ない」。à peine が文頭にあるとき、主語と動詞は一般に倒置される。　5) **Mes-Bottes**：クーポーの友人のひとりのあだ名。労働者たちは互いにおもしろいあだ名で呼び合うのを好んだ。　7) **en attendant que ......**:「……を待ちながら」。従属節の中の動詞は接続法になる。
9) **la machine à soûler**:「酔うための機械→酔っぱらい製造機」。machine à coudre「ミシン」、machine à écrire「タイプライター」などに類似した表現。ゾラはこの表現をプーロの『崇高なる者』*Le Sublime*（解説参照）から借用している。プーロの本の中では居酒屋の店名として使われていた。　10) **Tonnerre de Dieu ! ...... ce roussin de père Colombe.**：この部分は自由間接

居 酒 屋

いなかった。内部の息づかい、地下のうなりは、ほとんど聞こえなかった。それは陰鬱で力強く黙りこくった労働者が、夜の仕事を真っ昼間にやっているかのようだった。そのあいだに、ふたりの仲間を連れたメ゠ボットがやってきて柵に肘をつき、カウンターの一隅が空くのを待っていた。彼は油の切れた滑車のような笑い声をあげ、首を振りながら、うっとりとした目をして、この酔っぱらい製造器を見つめていた。畜生め！まったくかわいいやつだ！このでっかい銅の太鼓腹には、一週間のあいだ喉を潤してくれるだけのものが詰まっている。できることなら、螺旋管の端を歯のあいだに溶接してもらって、まだ熱い火酒が体を

---

話法。　12) **de quoi se tenir le gosier au frais**：de quoi＋不定詞は、「……するもの、……するに必要なもの」。se tenir le gosier au frais 「自分の喉をさわやかな状態に保つ→喉を潤す」。
13) **Lui, aurait voulu qu'on lui soudât ......**：vouloir の条件法過去形は、「（もしできることなら）……したいものだ」という非現実を表す。vouloir que ...... のあとの従属節内の動詞は接続法になる。　14) **sentir le vitriol encore chaud, l'emplir, lui descendre jusqu'aux talons**：「まだ熱い火酒が、彼を満たし、彼の踵まで降りてくるのを感じる」。sentir は知覚動詞なので、sentir＋直接目的語＋不定詞で「……が……するのを感じる」となる。

L' Assommoir

vitriol encore chaud, l'emplir, lui descendre jusqu'aux talons, toujours, toujours, comme un petit ruisseau.　Dame ! il ne se serait plus dérangé, ça aurait joliment remplacé les dés à coudre de ce roussin de père Colombe !　Et les camarades ricanaient, disaient que cet animal de Mes-Bottes avait un fichu grelot, tout de même. L'alambic, sourdement, sans une flamme, sans une gaieté dans les reflets éteints de ses cuivres, continuait, laissait couler sa sueur d'alcool, pareil à une source lente et entêtée, qui à la longue devait envahir la salle, se répandre sur les boulevards extérieurs, inonder le trou immense de Paris.　Alors, Gervaise, prise d'un frisson recula ; et elle tâchait de sourire, en murmurant :

«C'est bête, ça me fait froid, cette machine... la boisson me fait froid... »

---

4) **dé à coudre**：「指ぬき；《話》小さなグラス」。　5) **roussin**： "policier, agent de la police; sert d'injure plaisante" (*Sublime*)「《隠》ポリ公」。居酒屋の親父は、一般に、警察の回し者だと考えられていた。　7) **avoir un fichu grelot**：「《隠》うまく話す、うま

居 酒 屋

満たし、小川のようにずっとずっと、踵まで降りていくのを感じてみたいものだ。そうともさ！　そうなったらもうどこへも行くもんか、こいつが立派に、あのポリ公のコロンブ親父のちっぽけなグラスのかわりをしてくれるだろうよ。すると仲間たちはにやにや笑って、このメ・ボットという奴は、何と言ってもなかなかおもしろいことを言いやがると言った。蒸留器は、ひっそりと、炎ひとつ見せず、銅の鈍い光の中に陽気さのかけらも見せずに動き続け、緩慢で執拗な泉のようにアルコールの汗を流し続けていたが、それは最後には店内を満たし、外周道路に広がり、パリという広大な穴に満ちあふれるにちがいなかった。そこでジェルヴェーズは、身震いに襲われ、あとずさりした。そして彼女は微笑もうとつとめながら、こうつぶやくのだった。

　「おかしいけど、寒気がするわ、この機械を見ていると……　お酒は寒気がするわ……」

---

い言い方をする」。Les sublimes disent d'un travailleur parlant bien：“A-t-il un bon grelot !” (*Sublime*)　　**tout de même**；「それでも、やはり」。　11) **à la longue**：「ついには、最後には」。　16) **ça me fait froid**：faire froid à qn「（人）に寒気（恐怖）を覚えさせる」。

L' Assommoir

## Chapitre IV

Ce furent quatre années de dur travail.　Dans le quartier, Gervaise et Coupeau étaient un bon ménage, vivant à l'écart, sans batteries, avec un tour de promenade régulier le dimanche,du côté
5 de Saint-Ouen.　La femme faisait des journées de douze heures chez M$^{me}$ Fauconnier, et trouvait le moyen de tenir son chez-elle propre comme un sou, de donner la pâtée à tout son monde, matin et soir.　L'homme ne se soûlait pas,
10 rapportait ses quinzaines, fumait une pipe à sa fenêtre avant de se coucher, pour prendre l'air. On les citait, à cause de leur gentillesse.　Et, comme ils gagnaient à eux deux près de neuf

---

3) **batteries**：" coups échangés" (Delvau)「《古・隠》殴り合い」。
4) **le dimanche**：「毎日曜日」。曜日に定冠詞単数形がついているときは「毎……曜日、……曜日ごとに」の意。　**du côté de Saint-Ouen**：「サン＝トゥーアンの方面に」。サン＝トゥーアンは、パリ北部の郊外。　7) **son chez-elle**：「彼女の家、自宅」。chez-moi 等は、男性名詞で「自分の家」。　**propre comme un**

居 酒 屋

## 第 4 章

　それはつらい労働の四年間だった。界隈ではジェルヴェーズとクーポーは仲の良い夫婦で、世間から離れて暮らし、殴り合いもせず、日曜日ごとにサン=トゥーアンの方面に決まって散歩に出かけていた。妻はフォーコニエ夫人の店で毎日十二時間働きながら、自分の家を一スウ硬貨のようにこぎれいに保ち、朝晩家族全員に食べ物を与える手だてを見つけていた。夫は酒を飲まず、二週間ごとの給料を家に持って帰り、寝る前に外の空気を吸うために、窓辺でパイプをふかした。人々は、人の良さでよく彼らを引き合いに出した。そしてふたりで一日あたり九フラン近く稼

---

**sou (neuf)**:「(新しい) 1スウ硬貨のようにこぎれいな→非常に清潔な、ぴかぴかに磨いた」。　8) **donner la pâtée à ......**:「……に食べ物を与える」。　**tout son monde**:「自分の家族全員」。monde はこの場合、集合的に「人々；まわりの人々、家族、友人、部下」などを指す。　10) **quinzaine**:「2週間分の給料」。　13) **à eux deux**:「彼ら二人で」。

francs par jour, on calculait qu'ils devaient mettre de côté pas mal d'argent.

\* \* \* \* \*

Là-haut, on entendait la voix forte du zingueur chantant : *Ah! qu'il fait bon cueillir la fraise!* Maintenant, penché sur son établi, il coupait son zinc en artiste.　D'un tour de compas, il avait tracé une ligne, et il détachait un large éventail, à l'aide d'une paire de cisailles cintrées ; puis légèrement, au marteau, il ployait cet éventail en forme de champignon pointu.　Zidore s'était remis à souffler la braise du réchaud.　Le soleil se couchait derrière la maison dans une grande clarté rose, lentement pâlie, tournant au lilas tendre.　Et, en plein ciel, à cette heure recueillie du jour, les silhouettes des deux ouvriers, grandies démesurément, se découpaient sur le fond

---

1) **mettre de côté**：「わきにのける；蓄える」。　2) **pas mal de ……**：「かなりの……」。　4) **qu'il fait bon cueillir la fraise !**：「苺を摘むのはなんていいものだ」。文頭のqueは、感嘆文を作る。il fait + 形容詞 + (de + ) 不定詞は、「……するのは……である」という非人称構文。　6) **en artiste**：「芸術家として→実に巧み

いでいるのだから、かなりのお金を蓄えているはずだと計算していた。

\* \* \* \* \*

上の方からは、「ああ！苺を摘むのはなんて楽しい！」と歌う屋根職人の力強い声が聞こえてきた。今、彼は仕事台にかがみ込んで、巧みにトタンを切っていた。コンパスをぐるりと回して線を引き、弓なりに曲がったはさみで、大きな扇形を切り抜いた。それから軽く鎚でたたいて、この扇形をとがったキノコの形に曲げた。ジドールはふたたび、焜炉の火を吹き始めていた。太陽は、その家の後方に沈んでいき、大きな薔薇色の光はしだいに薄れて、淡い薄紫色に変わっていった。そして大空の真ん中で、この一日の心穏やかな時刻に、ふたりの職人のシルエットは並はずれて大きくなり、仕事台の黒っぽい横木とふいごの奇妙な

---

に、見事に」。en は資格を表す。　10) **s'était remis à souffler**：se remettre à + 不定詞：「ふたたび……し始める」の直説法大過去形。　16) **se découper sur ......**：「……の上にくっきりと浮き上がる」。

## L'Assommoir

limpide de l'air, avec la barre sombre de l'établi et l'étrange profil du soufflet.

[......]

Il souda, il cria à Gervaise :

5 «Voilà, c'est fini...　Je descends. »

Le tuyau auquel il devait adapter le chapiteau, se trouvait au milieu du toit.　Gervaise, tranquillisée, continuait à sourire en suivant ses mouvements.　Nana, amusée tout d'un coup
10 par la vue de son père, tapait dans ses petites mains.　Elle s'était assise sur le trottoir, pour mieux voir là-haut.

«Papa! papa! criait-elle de toute sa force ; papa! Regarde donc!»

15 Le zingueur voulut se pencher, mais son pied glissa.　Alors, brusquement, bêtement, comme un chat dont les pattes s'embrouillent, il roula, il descendit la pente légère de la toiture, sans pouvoir se rattraper.

---

6) **Le tuyau auquel il devait adapter le chapiteau**：auquel は前置詞 à + lequel（関係代名詞）の縮約形。devoir は「…するつも

## 居酒屋

輪郭とともに、空気の澄み切った背景の上にくっきりと浮かび上がっていた。

［……］

彼ははんだ付けをすると、ジェルヴェーズに叫んだ。

「さあ、終わりだ……今降りていくからな。」

彼がその笠をとりつける予定の煙突は、屋根の真ん中にあった。ジェルヴェーズは安心して、彼の動きを追いながらほほえみ続けていた。ナナは突然父親を見つけて喜び、小さな手をたたいた。彼女はもっとよく上を見るために、歩道の上に座っていた。

「パパ！　パパ！」と彼女は力いっぱい叫んだ。「パパ！ねえ、見て！」

屋根職人は身をかがめようと思ったが、足がすべった。そして突然、うかつにも、足のもつれた猫のように転がって、掴まることもできずに、屋根の軽い傾斜を滑り落ちた。

---

りだ」という意味で、意向・未来を表す。

L'Assommoir

«Nom de Dieu ! » dit-il d'une voix étouffée.

Et il tomba.　Son corps décrivit une courbe molle, tourna deux fois sur lui-même, vint s'écraser au milieu de la rue avec le coup sourd d'un paquet de linge jeté de haut.

Gervaise, stupide, la gorge déchirée d'un grand cri, resta les bras en l'air.　Des passants accoururent, un attroupement se forma.　M$^{me}$ Boche, bouleversée, fléchissant sur ses jambes, prit Nana entre ses bras, pour lui cacher la tête et l'empêcher de voir.　Cependant, en face, la petite vieille, comme satisfaite, fermait tranquillement sa fenêtre.

---

3) **tourna deux fois sur lui-même**：tourner sur soi-même「自転する、(体が) 回転する」。cf. La Terre tourne sur elle-même.「地球は自転している」。　6) **la gorge déchirée d'un grand cri**：「大

## 居 酒 屋

「畜生!」彼は押し殺した声で叫んだ。

そして彼は下へ落ちた。彼の体はゆるいカーブを描き、二回転して、高いところから投げた洗濯物の包みのようなにぶい音を立てて、道路の真ん中に激突した。

ジェルヴェーズは呆然として、のどが張り裂けそうに絶叫し、両腕を上に上げたままだった。通行人が駆け寄ってきて、人垣ができた。ボッシュ夫人は動転し、腰がくだけて立ち上がれず、ナナを両腕に抱えてその頭を隠し、彼女に見えないようにした。そのあいだに真向かいでは、あの小柄な老婆が、満足したかのように、落ち着き払って窓を閉めた。

きな叫び声でのどが張り裂けて→のどが張り裂けそうに絶叫して」。　9) **fléchissant sur ses jambes**:「足の上に体を曲げて→腰がくだけて」。

L' Assommoir

## Chapitre V

L'emménagement eut lieu tout de suite. Gervaise, les premiers jours, éprouvait des joies d'enfant, quand elle traversait la rue, en rentrant d'une commission.　Elle s'attardait, souriait à
5 son chez-elle.　De loin, au milieu de la file noire des autres devantures, sa boutique lui apparaissait toute claire, d'une gaieté neuve, avec son enseigne bleu tendre, où les mots : *Blanchisseuse de fin*, étaient peints en grandes lettres jaunes.
10 Dans la vitrine, fermée au fond par des petits rideaux de mousseline, tapissée de papier bleu pour faire valoir la blancheur du linge, des chemises d'homme restaient en montre, des bonnets de femme pendaient, les brides nouées à des
15 fils de laiton.　Et elle trouvait sa boutique jolie, couleur du ciel.　Dedans, on entrait encore dans

---

1) **eut lieu**：avoir lieu「行われる」の単純過去形。　8) ***Blanchisseuse de fin***：「高級薄物洗濯店」。linge fin（シャツやハンカチなど薄地の細かい洗濯物）だけを扱う洗濯屋。　12)

居酒屋

## 第5章

　引っ越しはすぐに行われた。ジェルヴェーズは最初の頃、使いからの帰りに通りを横切るとき、子供のような喜びをおぼえた。彼女は歩みを遅らせて、自分の店に微笑みかけた。遠くから見ると、他の店先の黒ずんだ列の真ん中で、彼女の店はとても明るく、真新しい華やかさで、薄い青の看板には大きな黄色の文字で《高級小物洗濯店》と書かれていた。後ろを小さなモスリンのカーテンで閉じて、洗濯物の白さを際立たせるために青い壁紙を張ったショーウインドーには、男物のワイシャツが何枚か陳列されており、女物のボンネットが顎紐を真鍮の針金に結んでぶら下げてあった。彼女は自分の店が空色できれいだと思った。店内もまた青一色だった。ポンパドゥール風のインド更紗を模した壁紙は、昼顔の巻き付いた格子の模様だった。仕

---

**faire valoir**：「引き立たせる」。　13) **en montre**：「ショーウインドウに陳列されて」。

L' Assommoir

du bleu ; le papier, qui imitait une perse pompadour, représentait une treille où couraient des
liserons ; l'établi, une immense table tenant les
deux tiers de la pièce, garni d'une épaisse
couverture, se drapait d'un bout de cretonne à
grands ramages bleuâtres, pour cacher les
tréteaux.   Gervaise s'asseyait sur un tabouret,
soufflait un peu de contentement, heureuse de
cette belle propreté, couvant des yeux ses outils
neufs.   Mais son premier regard allait toujours
à sa mécanique, un poêle de fonte, où dix fers
pouvaient chauffer à la fois, rangés autour du
foyer, sur des plaques obliques, Elle venait se
mettre à genoux, ragardait avec la continuelle
peur que sa petite bête d'apprentie ne fît éclater
la fonte, en fourrant trop de coke.

\*　　\*　　\*　　\*　　\*

Cependant, les fortes chaleurs étaient venues.

---

1) **pompadour**：「ポンパドゥール風の」。ルイ15世の愛妾ポンパドゥール夫人の名前より。18世紀ロココ風の家具・調度について言う。 3) **tenant les deux tiers de la pièce**：「部屋の3分の2を占めて」。tenir は「(場所を) 占める」。 9) **couvant des yeux**：「じっと見つめる」。動詞 couver の原義は「(親鳥が) 卵

居 酒 屋

事台は部屋の三分の二を占める巨大なテーブルで、分厚い毛布が敷かれており、脚台を隠すために、青みがかった大きな枝葉模様のクレトン地の端切れで覆ってあった。ジェルヴェーズはスツールに腰掛けて、この美しい清潔さに幸福をおぼえ、新しい道具類をじっと見守りながら、満足の吐息をもらした。しかし彼女の視線は、いつもまず彼女の機械の方に向けられるのだった。それは鋳物のストーブで、炉のまわりの斜めのプレートの上に十台のアイロンを並べて、同時に熱くすることができるのだった。彼女はそこへやってきて膝をついては、愚かな見習いの少女が、コークスを詰め込みすぎて、鋳物を破裂させやしまいかと、いつも心配して眺めていた。

\*　　\*　　\*　　\*　　\*

そうこうするうちに酷暑の季節がやってきた。六月のあ

---

を抱く」。　　14) **avec la continuelle peur que sa petite bête d'apprentie ne fît éclater la fonte**：「愚かな見習いの少女が、鋳物を破裂させやしまいかと絶えず心配して」。avec la peur que + 接続法 は、「……を恐れて」。従属節中のneは虚辞。fîtはfaireの接続法半過去形。

L'Assommoir

Un après-midi de juin, un samedi que l'ouvrage pressait, Gervaise avait elle-même bourré de coke la mécanique, autour de laquelle dix fers chauffaient, dans le rouflement du tuyau.　A cette heure, le soleil tombait d'aplomb sur la devanture, le trottoir renvoyait une réverbération ardente, dont les grandes moires dansaient au plafond de la boutique ; et ce coup de lumière, bleui par le reflet du papier des étagères et de la vitrine, mettait au-dessus de l'établi un jour aveuglant, comme une poussière de soleil tamisée dans les linges fins.　Il faisait là une température à crever.　On avait laissé ouverte la porte de la rue, mais pas un souffle de vent ne venait ; les pièces qui séchaient en l'air, pendues aux fils de laiton, fumaient, étaient raides comme des copeaux en moins de trois quarts d'heure. Depuis un instant, sous cette lourdeur de fournaise, un gros silence régnait, au milieu

---

2) **bourrer de ......**：「……でいっぱいにする」。　3) **autour de laquelle**：「その（機械の）周囲で」。　5) **d'aplomb**：「垂直に」。
12) **les linges fins**：「薄物の布地」。　**une température à crever**：

居 酒 屋

る午後、それは急ぎの仕事のある土曜日のことだったが、ジェルヴェーズは自分で機械にコークスを詰め込んでいた。煙突がごうごう音を立てる中で、機械の周囲では十台のアイロンが熱くなっていた。この時刻には、太陽が店先に垂直に射しかかり、歩道は焼けつくような照り返しを送り返していて、その大きなモワレ模様が店の天井で踊っていた。この強い光は、陳列棚とショーウインドウの壁紙の反映で青みがかり、薄物の布で漉した陽光の粉のようなまばゆい光を、仕事台の上に投げかけていた。そこは死にそうなほどの温度になっていた。通りに面した入り口の扉は開け放してあったが、一陣の風も入ってはこなかった。真鍮線にぶら下げて干してある衣類は湯気を上げ、四-五十分もたたないうちに、おがくずのようにごわごわになった。しばらく前から、この燃えさかるかまどのような暑苦しさの中では、だれひとり口をきく者もなく、ただアイロ

---

「死にそうなほどの温度」。à + 不定詞はここでは「……するほどまでの」という程度を表す。17) **en moins de trois quarts d'heure**：「45 分以内に」。un quart d'heure は「15 分」。

L'Assommoir

duquel les fers seuls tapaient sourdement, étouffés par l'épaisse couverture garnie de calicot.

«Ah bien ! dit Gervaise, si nous ne fondons pas, aujourd'hui ! On retirerait sa chemise ! »

5　Elle était accroupie par terre, devant une terrine, occupée à passer du linge à l'amidon. En jupon blanc, la camisole retroussée aux manches et glissée des épaules, elle avait les bras nus, le cou nu, toute rose, si suante, que des petites
10 mèches blondes de ses cheveux ébouriffés se collaient à sa peau.

［……］

Dans l'air chaud, une puanteur fade montait de tout ce linge sale remué.

15　«Oh ! là, là ! ça gazouille ! dit Clémence, en se bouchant le nez.

——Pardi ! si c'était propre, on ne nous le donnerait pas, expliqua tranquillement Gervaise.

---

4) **On retirerait sa chemise !**：条件法現在形の動詞は、「もしできることならば」という非現実を表す。　6) **passer du linge à l'amidon**：「洗濯物に（でんぷんから作った）糊をつける」。　9) **si suante, que des petites mèches ……**：si ... que ... は「非常に……なので……」。　15) **ça gazouille**：gazouiller について辞書

## 居酒屋

ンだけが、キャラコをかぶせた分厚い毛布で押し消されて、鈍い音を立てていた。

「ああ、まったく！」とジェルヴェーズは言った。「今日は溶けてしまいそうだわ。シュミーズを脱いでしまいたいわね。」

彼女は地面に置いた鉢の前にしゃがみ込んで、洗濯物に糊をつける仕事に専念していた。白いペチコート姿で、ブラウスの袖はたくし上げ、肩からずり落としていたので、腕と首はむき出しで、肌はすっかり薔薇色になり、汗だくになっていたために、乱れた髪のブロンドの小さなほつれ毛は、肌にはりついていた。

［……］

熱い空気の中で、引っかき回された汚れ物全体からは、むっとする悪臭がたちのぼっていた。

「あーあ、におうわね！」とクレマンスは鼻をつまみながら言った。

「そうでしょうとも！　きれいだったらあたしたちのところには持ってこないわ」とジェルヴェーズは平然として

---

では「（小鳥が）さえずる」「（小川が）さらさらいう」「（子供などが）おしゃべりする」といった意味しか記載されていないが、ここでは汚れた洗濯物について言っているので、「（洗濯物が）においを発散する」というほどの意味であろう。

L'Assommoir

Ça sent son fruit, quoi !... Nous disions quatorze chemises de femme, n'est-ce pas ? madame Bijard... quinze, seize, dix-sept... »

Elle continua à compter tout haut. Elle
5 n'avait aucun dégoût, habituée à l'ordure ; elle enfonçait ses bras nus et roses au milieu des chemises jaunes de crasse, des torchons raidis par la graisse des eaux de vaisselle, des chaussettes mangées et pourries de sueur. Pourtant, dans
10 l'odeur forte qui battait son visage penché au-dessus des tas, une nonchalance la prenait. Elle s'était assise au bord d'un tabouret, se courbant en deux, allongeant les mains à droite, à gauche, avec des gestes ralentis, comme si elle se grisait
15 de cette puanteur humaine, vaguement souriante, les yeux noyés. Et il semblait que ses premières paresses vinssent de là, de l'asphyxie des vieux linges empoisonnant l'air autour d'elle.

---

1) **Ça sent son fruit, quoi !** : sentir son fruit : répandre une odeur *sui generis* (*Trésor de la Langue Française*)「特有のにおいを放つ」この辞典では、ゾラのこの箇所が例文として挙げられている。quoi は「要するに」「……ということさ」の意で、文末で説明を締めくくるときに使う。　4) **tout haut**:「大きな声で」。　8)

居酒屋

説明した。「つまり独特のにおいがするっていうことよ！……女物のシュミーズが十四枚でしたよね、ビジャールさん……十五、十六、十七……」

　彼女は大声で数え続けた。汚れ物には慣れていたので、まったく嫌悪は感じなかった。彼女は、垢で黄ばんだシャツや皿を洗った水の脂でごわごわになった布巾や、汗で傷んで腐った靴下の中に、ピンク色のむき出しの腕をつっこんだ。しかしながら、汚れ物の山の上にかがみ込んだ顔を打つ強烈なにおいの中で、一種の無頓着さが彼女をとらえていた。彼女はスツール椅子の端に腰掛けて、体を二つに折り曲げ、まるでこの人間の臭気に酔っているかのように、ほのかな微笑を浮かべ、目をうるませて、ゆっくりとした動作で左右に手を伸ばしていた。そして彼女の生まれてはじめての怠惰は、そこから、彼女の周囲の空気を汚染する古い下着類の窒息させるような臭気からやって来たように思われた。

---

eaux de vaisselle：「食器を洗った水」。　16) **Et il semblait que ses premières paresses vinssent de là**：vinssent は venir の接続法半過去形。il semble que に続く従属節では接続法を用いる。paresses は「怠惰」「無気力」「怠け癖」。この箇所はこの先におけるジェルヴェーズの人生の転落の始まりを示す文章である。

L'Assommoir

Juste au moment où elle secouait une couche d'enfant, qu'elle ne reconnaissait pas, tant elle était pisseuse, Coupeau entra.

« Cré coquin ! bégaya-t-il, quel coup de soleil !... Ça vous tape dans la tête ! »

Le zingueur se retint à l'établi pour ne pas tomber. C'était la première fois qu'il prenait une pareille cuite. Jusque-là, il était rentré pompette, rien de plus. Mais, cette fois, il avait un gnon sur l'œil, une claque amicale égarée dans une bousculade. Ses cheveux frisés, où des fils blancs se montraient déjà, devaient avoir épousseté une encoignure de quelque salle louche de marchand de vin, car une toile d'araignée pendait à une mèche, sur la nuque. Il restait rigolo d'ailleurs, les traits un peu tirés et vieillis, la mâchoire inférieure saillant davantage, mais

---

2) **tant elle était pisseuse**：tant は、原因を表す節を導く。「それほどに……」「非常に……なので」。　4) **Cré coquin !**：cré ← sacré. ののしりの言葉。　5) **Ça vous tape dans la tête !**：Ça tape ! は「日ざしが強い」の意。ここでは文字どおり、「それ（太陽の陽射し）は、頭を殴りつける」の意。　7) **prendre une cuite**：

## 居 酒 屋

　彼女がだれのものとも見分けがつかないほど小便の染み込んだ子供のおむつを振っていたちょうどそのとき、クーポーが入ってきた。

　「畜生！」と彼はろれつの回らない声で言った。「なんて日照りだ！……頭にがつんとくるぜ！」

　屋根職人は倒れないように仕事台につかまった。彼がこれほど酔っぱらっているのははじめてだった。それまでは一杯機嫌で帰ってくるだけで、それ以上のことはなかった。けれどもこの日は、目の上を殴られていた。大勢で押し合いしているうちに、偶然友だちの平手打ちをくらったのだった。すでに白髪の見えはじめた縮れ毛は、どこかの怪しげな酒場の隅のほこりを払ってきたにちがいなかった。というのも首筋の髪の毛に、蜘蛛の巣がぶら下がっていたからである。しかし彼はいぜんとして陽気で、顔立ちはいくぶんやつれて老け、下顎が突き出してきたものの、彼の言うところによれば、あいかわらず人のいい坊やで、

---

「《俗》酔っぱらう」。　9) **pompette**：「《話》ほろ酔いの、一杯機嫌の」。　**rien de plus**：「それ以上なにもない」。　10) **gnon**：「《俗》パンチ」。oignon の頭音節が省略されたもの。　14) **marchand de vin**：「居酒屋」。

## L'Assommoir

toujours bon enfant, disait-il, et la peau encore assez tendre pour faire envie à une duchesse.

[......]

Le soleil oblique battait la devanture, la bou-
5 tique flambait.　Alors, Coupeau, que la grosse chaleur grisait davantage, fut pris d'une soudaine tendresse.　Il s'avança vers Gervaise, les bras ouverts, très ému.

« T'es une bonne femme, bégayait-il.　Faut
10 que je t'embrasse. »

Mais il s'emberlificota dans les jupons, qui lui barraient le chemin, et faillit tomber.

« Es-tu bassin!　dit Gervaise sans se fâcher. Reste tranquille, nous avons fini. »

15 Non, il voulait l'embrasser, il avait besoin de ça, parce qu'il l'aimait bien.　Tout en balbutiant, il tournait le tas des jupons, il butait dans le tas des chemises ; puis, comme il s'entêtait, ses pieds

---

2) **faire envie à**：「……に羨望を起こさせる」。　9) **T'es une bonne femme**：T'es は Tu es の会話体。　**Faut que je t'embrasse**：Faut que は il faut que の会話体。　13) **bassin**： "homme ennuyeux"

居 酒 屋

肌はまだ、公爵夫人でさえうらやましがらせるほど柔らかだった。

　［……］

　傾いた太陽は店先を照りつけ、店は燃えるようだった。そのとき、酷暑のためにさらに酔いのまわったクーポーは、突然愛情の発作をおぼえた。彼はひどく興奮して、両腕をひろげ、ジェルヴェーズの方へ歩み寄った。

　「お前はいい女房だ」と彼はろれつの回らない声で言った。「キスしてやらなくちゃ」

　けれども彼は、道をふさいでいるペチコートの山に足をとられ、もう少しで転びそうになった。

　「いやな人ね！」とジェルヴェーズは言ったが、怒ってはいなかった。「じっとしてらっしゃい。もう終わったわ。」

　だめだ、彼は彼女にキスしたいのだ。彼女が大好きなので、そうする必要があるのだ。口の中でもごもご言いながら、彼はペチコートの山をひっくり返して、シャツの山にぶつかった。それでもまだ前へ出ようとしたので、足がか

---

(Delvau)「《俗》うるさい人、しつこい人」。　15) **Non, il voulait l'embrasser, il avait besoin de ça, parce qu'il l'aimait bien.**：この部分は自由間接話法。

L' Assommoir

s'accrochèrent, il s'étala, le nez au beau milieu des torchons.　Gervaise, prise d'un commencement d'impatience, le bouscula, en criant qu'il allait tout mélanger.　Mais Clémence, M^me
5 Putois elle-même, lui donnèrent tort.　Il était gentil, après tout.　Il voulait l'embrasser.　Elle pouvait bien se laisser embrasser.

« Vous êtes heureuse, allez ! madame Coupeau, dit M^me Bijard, que son soûlard de mari, un
10 serrurier, tuait de coups chaque soir en rentrant. Si le mien était comme ça, quand il s'est piqué le nez, ça serait un plaisir ! »

Gervaise, calmée, regrettait déjà sa vivacité. Elle aida Coupeau à se remettre debout.　Puis,
15 elle tendit la joue en souriant.　Mais le zingueur, sans se gêner devant le monde, lui prit les seins.

« Ce n'est pas pour dire, murmura-t-il, il

---

1) **au beau milieu de ......**：「……の真ん中に」。beau は「まさに」という強調を表す。　3) **il allait tout mélanger**：「全部をまぜこぜにしてしまう」。tout は不定詞 mélanger の直接目的語。5) **Il était gentil. ...... se laisser embrasser.**：この部分も自由間接話法。se laisser + 不定詞は「……（するままに）させる」の意。　11) **Si le mien était comme ça, ...... ça serait un plaisir.**：条

居酒屋

らまり、雑巾類の真ん中に鼻を突き出して、仰向けにのびてしまった。ジェルヴェーズはいらいらし始めて、みんなまぜこぜにしてしまうじゃないのと叫びながら、彼を押しのけた。しかしクレマンスも、ピュトワのかみさんでさえも、彼女がまちがっていると言った。結局のところ彼は優しい男で、彼女にキスしたがっているのだから、させてあげたらいいのだ。

「あなたは幸せですよ、クーポーさん」と、ビジャールのかみさんが言った。錠前屋をしている彼女の亭主は酔っぱらいで、毎晩帰ってくると死ぬほど彼女を殴るのだった。「うちの亭主も、酔っぱらったときにこんなふうだったら、楽しいでしょうに！」

ジェルヴェーズは気持ちが静まって、短気を起こしたことをもう後悔していた。彼女はクーポーを助け起こし、にっこりして頬を差し出した。しかし屋根職人は、人目があるのもお構いなしに、彼女の胸をつかんだ。

「こう言っちゃなんだけど」と彼はささやいた。「おまえ

---

件節の動詞は 直説法半過去形、主節の動詞は条件法現在形で、現在の事実に反する仮定とその結果をあらわす。　**se piquer le nez**："boire avec excès, à en devenir ivre" (Delvau, *Sublime*)「《俗》痛飲する、酔っぱらうほど飲む」。　17) **Ce n'est pas pour dire**：「こう言ってはなんだが」。

— 69 —

L'Assommoir

chelingue rudement, ton linge ! Mais je t'aime tout de même, vois-tu !

——Laisse-moi, tu me chatouilles, cria-t-elle en riant plus fort. Quelle grosse bête ! On n'est pas bête comme ça ! »

Il l'avait empoignée, il ne la lâchait pas. Elle s'abandonnait, étourdie par le léger vertige qui lui venait du tas de linge, sans dégoût pour l'haleine vineuse de Coupeau. Et le gros baiser qu'ils échangèrent à pleine bouche, au milieu des saletés du métier, était comme une première chute, dans le lent avachissement de leur vie.


Chapitre VI

Ils se défiaient, allumés par la présence de Gervaise. Goujet mit au feu les bouts de fer coupés à l'avance ; puis, il fixa sur une enclume une clouière de fort calibre. Le camarade avait

---

1) **chelinguer**："puer" (Delvau)「《俗》臭い、におう」。
13) **Ils se défiaient……**：「彼らは互いに挑み合った」。代名動詞の相互的用法。　15) **à l'avance**：「前もって」。　16) **clouière**：

## 居酒屋

さんの洗濯物はずいぶん臭いね！　でも、それでもやっぱりおまえが好きだよ、ね！」

「よしてよ、くすぐったいわ」と、彼女は一段と大きな声で笑いながら言った。「なんてお馬鹿さんなんでしょう！　こんなお馬鹿さんっていないわ！」

彼は彼女をつかまえて、離さなかった。彼女は洗濯物の山からくる軽いめまいにぼおっとして、クーポーの酒臭い息にも嫌悪をおぼえずに、彼のするままにさせていた。そして彼らが、仕事道具の汚れものの真ん中で、口いっぱいにとりかわした大きな口づけこそは、ゆっくりと崩れていく彼らの人生における最初の転落のようなものであった。

## 第6章

彼らはジェルヴェーズの存在に刺激されて、互いに挑み合った。グージェは前もって切断してあった鉄片を火に入れた。それから大きな内径のボルト製造用鋳型を鉄床の上に据え付けた。仲間の男は、壁から十キロの重さの大ハン

---

「ボルト（リベット、釘）製造用の鉄製の鋳型」(=cloutière)。
**de fort calibre**：「大きな内径の」。

L'Assommoir

pris contre le mur deux masses de vingt livres, les deux grandes sœurs de l'atelier, que les ouvriers nommaient Fifine et Dédèle.

[……]

« Allons, commence ! » dit Goujet, en plaçant lui-même dans la clouière un des morceaux de fer, de la grosseur d'un poignet de fille.

Bec-Salé, dit Boit-sans-Soif, se renversa, donna le branle à Dédèle, des deux mains.　Petit, desséché, avec sa barbe de bouc et ses yeux de loup, luisant sous sa tignasse mal peignée, il se cassait à chaque volée du marteau, sautait du sol comme emporté par son élan.　C'était un rageur, qui se battait avec son fer, par embêtement de le trouver si dur ; et même il poussait un grognement, quand il croyait lui avoir appliqué

---

1) **vingt livres**：「20 リーヴル→10 キロ」。リーヴルは重さの単位で、1 リーヴルは 500 グラムに相当。　2) **les deux grandes sœurs de l'atelier**：「その工場の二人の大きな姉妹」。2 本の大ハンマー（masses ←女性名詞）を二人の女性にたとえて「姉妹」と呼んでいる。　8) **Bec-Salé**：「塩辛い口→乾いた口」の意。Cf. avoir le bec salé「《話》喉が乾いている」。　**Boit-sans-**

居 酒 屋

マーを二本取ってきたが、それらはこの工場でいちばん大きなハンマーで、職工たちは、二人の姉妹のように、フィフィーヌとデデールと名付けていた。

　［……］

　「さあ、始めろ！」とグージェは、娘の手首ほどの大きさの鉄片をひとつ、自分でボルト用の鋳型の中に入れながら言った。

　ベック＝サレ、またの名ボワ＝サン＝ソワフは、体をそらせて、両手でデデールを振り始めた。小柄で、ひからびて、山羊髭をはやし、ぼさぼさの髪の下に狼のような目を光らせたこの男は、ハンマーを振り下ろすたびに姿勢がくずれ、その反動に引っ張られるかのように、地面から飛び上がった。彼は怒りっぽい男で、鉄がひどく硬いのにうんざりして、その鉄と戦っていた。そしてハンマーがうまく打ち込めたと思ったときにはうなり声をあげさえした。ブランデーは、他の人間になら、腕をだらけさせるだろうが、

---

**Soif**：celui qui boit sans soif「喉が乾かないのに飲む男」の意。**donner le branle à ……**：「……を振る、揺する、始動させる」。9) **des deux mains**：「両手で」。前置詞 de は、「手段・道具」を表し、「……で（もって）」の意。　　15) **et même il poussait……**：même は強調の副詞。

L'Assommoir

une claque soignée.　Peut-être bien que l'eau-de-vie amollissait les bras des autres, mais lui avait besoin d'eau-de-vie dans les veines, au lieu de sang ; la goutte de tout à l'heure lui chauffait la
5 carcasse comme une chaudière, il se sentait une sacrée force de machine à vapeur.　Aussi, le fer avait-il peur de lui, ce soir-là ; il l'aplatissait plus mou qu'une chique.　Et Dédèle valsait, il fallait voir ! Elle exécutait le grand entrechat, les petons
10 en l'air, comme une baladeuse de *l'Élysée-Montmartre*, qui montre son linge ; car il s'agissait de ne pas flâner, le fer est si canaille, qu'il se refroidit tout de suite, à la seule fin de se ficher du marteau.　En trente coups, Bec-Salé, dit Boit-
15 sans-Soif, avait façonné la tête de son boulon. Mais il soufflait, les yeux hors de leurs trous, et

---

1) **Peut-être bien que ......** :「きっと（おそらく）……だろう」。peut-êtreよりも peut-être bienの方が蓋然性が高い。queの後は、直説法または条件法の節がくる。　6) **Aussi, le fer avait-il peur de lui, ce soir-là**：文頭に副詞（この場合は aussi）がきたとき、主語と動詞は倒置される（複合倒置）。　9) **petons**：「《話》小さな足」（← pieds）。　10) **baladeuse**："fille ou femme qui préfère l'oisiveté au travail et se faire suivre que se faire respecter"(Delvau)

居 酒 屋

彼の場合は、血管の中に血ではなくブランデーが必要なのだ。先ほどの軽い一杯は、彼のひからびた体をボイラーのように熱くし、蒸気機関のようなものすごい力が身内にみなぎるのを感じさせた。だからその晩、鉄は彼を恐れていた。彼は鉄を、噛み煙草よりももっと柔らかく打ち延ばしたのだ。しかもデデールの踊ったワルツはすばらしかった。彼女は、下着を見せる《エリゼ゠モンマルトル》の遊び女のように、両足を空中に上げて、見事なアントルシャ［跳躍しているあいだに数度両足を打ち合わせる踊り］をやって見せた。なぜならぐずぐずしていてはだめなのだった。鉄はとても意地が悪いので、ハンマーをばかにしようとして、すぐに冷えてしまう。三十回打ち下ろして、ベック゠サレまたの名ボワ゠サン゠ソワフは、ボルトの頭をこしらえた。しかし彼は、目をむいて息を切らしており、自

---

「《俗》遊び女」。　**l'*Élysée-Montmartre***：「エリゼ゠モンマルトル」。モンマルトルに実在した民衆的なカフェ・コンセールの名。　11) **il s'agissait de ne pas flâner**：il s'agit de ……「……が問題である」。flâner「ぐずぐずする、のらくらする」。　12) **le fer est si canaille, qu'il se refroidit tout de suite**：si……que…… は「非常に……なので……」。　13) **à (la) seule fin de + 不定詞**：「ただ……の目的で、……だけのために」。

— 75 —

L' Assommoir

il était pris d'une colère furieuse en entendant ses bras craquer.　Alors, emballé, dansant et gueulant, il allongea encore deux coups, uniquement pour se venger de sa peine. Lorsqu'il le retira de la clouière, le boulon, déformé, avait la tête mal plantée d'un bossu.

« Hein ! est-ce torché ? dit-il tout de même, avec son aplomb, en présentant son travail à Gervaise.

——Moi, je ne m'y connais pas, monsieur », répondit la blanchisseuse d'un air de réserve.

Mais elle voyait bien, sur le boulon, les deux derniers coups de talon de Dédèle, et elle était joliment contente, elle se pinçait les lèvres pour ne pas rire, parce que Goujet à présent avait toutes les chances.

C'était le tour de la Gueule-d'Or.　Avant de commencer, il jeta à la blanchisseuse un regard plein d'une tendresse confiante.　Puis, il ne se

---

7) **torché**：「《話》見事なできばえの」。　**tout de même**：「それでも、やはり」。　10) **Moi, je ne m'y connais pas**：s'y connaître は「通じている、詳しい」。　17) **la Gueule-d'Or**：「金色の口」

居 酒 屋

分の腕ががくがくいうのを聞いて、激しい怒りに襲われていた。そこでかっとなって、踊りかつわめき散らしながら、ただ自分の労苦の腹いせをするためだけに、さらに二回たたきつけた。鋳型から取り出してみると、ボルトはゆがんで、せむし男のようにすわりの悪い頭をしていた。

「どうだい、うまいもんだろう」と彼はそれでも平然として、自分の仕事をジェルヴェーズに見せながら言った。

「私にはよくわかりませんわ」と洗濯女は控えめな様子で答えた。

しかし彼女には、ボルトの上に、デデールが最後に二回、踵でけとばした跡がよく見えた。それでとてもうれしくなって、笑わないように唇を噛んでいた。なぜなら今や、グージェの方に十分勝ち目があったからだ。

今度はグル＝ドールの番だった。始める前に彼は、洗濯女に信頼に満ちた愛情たっぷりのまなざしを投げかけた。それから彼は急がず、距離をとり、高いところから、大き

---

の意。第4章でグージェがはじめて登場するとき、「彼は黄色い美しい髭を持っていたので、工場では仲間から〈グル＝ドール〉と呼ばれていた」と説明されている。

L'Assommoir

pressa pas, il prit sa distance, lança le marteau de haut, à grandes volées régulières.　Il avait le jeu classique, correct, balancé et souple.　Fifine, dans ses deux mains, ne dansait pas un chahut
5 de bastringue, les guibolles emportées par-dessus les jupes ; elle s'enlevait, retombait en cadence, comme une dame noble, l'air sérieux, conduisant quelque menuet ancien.　Les talons de Fifine tapaient la mesure, gravement ; et ils
10 s'enfonçaient dans le fer rouge, sur la tête du boulon, avec une science réfléchie, d'abord écrasant le métal au milieu, puis le modelant par une série de coups d'une précision rythmée. Bien sûr, ce n'était pas de l'eau-de-vie que la
15 Gueule-d'Or avait dans les veines, c'était du sang, du sang pur, qui battait puissamment jusque dans son marteau, et qui réglait la besogne.　Un homme magnifique au travail, ce gaillard-là ! Il

---

2) **de haut**:「高いところから」。　**le jeu**:「演技、(手足などの体の) 動き」。　4) **chahut**:「シャユー、カンカン」。19世紀中頃に流行した騒々しい踊りの名称。「大騒ぎ、馬鹿騒ぎ」の意味から。　5) **bastringue**: "guinguette de barrière, où le populaire va

く規則正しく振り下ろした。彼の動作は古典的で、正確で、均衡がとれ、しなやかだった。フィフィーヌは、彼の両腕の中で、足をスカートの上に振り上げる安酒場の騒々しいカンカン踊りなどはしなかった。彼女は真剣な様子で、何か昔のメヌエットを踊る貴婦人のように、リズムに乗って上がったり下がったりした。フィフィーヌの踵は、重々しく拍子を打っていた。それは考え抜かれた技巧で、赤い鉄の中に、ボルトの頭の上に打ち下ろされ、まず金属の真ん中をつぶし、それから調子のとれた正確な一連の打撃で、形を整えていくのだった。もちろん、グル＝ドールの血管の中にあるのはブランデーではなく、血であった。それは純粋な血であり、彼の持つハンマーの中にまで力強く脈打ち、仕事にリズムを与えていた。この男は、仕事をしているとき、このうえなく素晴らしかった。彼は溶鉱炉の大き

---

boire et danser les dimanches et les lundis"(Delvau)「（民衆が日曜日や月曜日に飲んだり踊ったりしに行く市門の外の）安酒場」。　**guibolles**：「《俗》脚」。

## L'Assommoir

recevait en plein la grande flamme de la forge. Ses cheveux courts, frisant sur son front bas, sa belle barbe jaune, aux anneaux tombants, s'allumaient, lui éclairaient toute la figure de leurs fils d'or, une vraie figure d'or, sans mentir. Avec ça, un cou pareil à une colonne, blanc comme un cou d'enfant ; une poitrine vaste, large à y coucher une femme en travers ; des épaules et des bras sculptés qui paraissaient copiés sur ceux d'un géant, dans un musée. Quand il prenait son élan, on voyait ses muscles se gonfler, des montagnes de chair roulant et durcissant sous la peau ; ses épaules, sa poitrine, son cou enflaient ; il faisait de la clarté autour de lui, il devenait beau, tout-puissant, comme un bon Dieu. Vingt fois déjà, il avait abattu Fifine, les yeux sur le fer, respirant à chaque coup, ayant seulement à ses tempes deux grosses gouttes de sueur qui coulaient. Il comptait : vingt et un,

---

1) **en plein**：「いっぱいに、完全に」。　5) **sans mentir**：「うそいつわりなしに、本当に」。　7) **large à y coucher une femme en travers**：à + 不定詞はこの場合「……するほどまでに」という

居酒屋

な炎を全身に受けていた。せまい額の上に縮れている短い髪の毛と、巻き毛になって垂れ下がっている美しい黄色の髭は、燃え立って、彼の顔全体をその金色の糸で光り輝かせており、正真正銘の金色の顔となっていた。しかも首は、柱のようで、子供の首のように白く、胸板は大きくて、女をひとり横向きに寝かせられるほどに広く、肩と腕は彫刻のようで、美術館の中の巨人像の肩や腕を模写したようだった。彼が躍り上がるときには、その筋肉がふくらみ、肉の山が皮膚の下で盛り上がり、硬くなるのが見えた。肩も胸も首もふくらんだ。彼は自分の周囲を照らし出し、神様のように美しく全能になった。すでに二十回も、彼は鉄の上に目を凝らし、一打ちごとに息をつぎながらフィフィーヌを打ちつけていたが、こめかみには二滴の大きな汗の滴が流れているだけだった。彼は数えた。二十一、二十二、

---

程度を表す。en travers は「横方向に」。　9) **ceux d'un géant**：「巨人のそれら（肩や腕）」。ceux は les épaules et les bras を受ける指示代名詞。　15) **bon Dieu**：「《話》神様」。

## L'Assommoir

vingt-deux, vingt-trois.　Fifine continuait tranquillement ses révérences de grande dame.

« Quel poseur ! » murmura en ricanant Bec-Salé, dit Boit-sans-Soif.

5　Et Gervaise, en face de la Gueule-d'Or, regardait avec un sourire attendri.　Mon Dieu ! que les hommes étaient donc bêtes !　Est-ce que ces deux-là ne tapaient pas sur leurs boulons pour lui faire la cour !　Oh ! elle comprenait bien, ils
10　se la disputaient à coups de marteau, ils étaient comme deux grands coqs rouges qui font les gaillards devant une petite poule blanche.　Faut-il avoir des inventions, n'est-ce pas ?　Le cœur a tout de même, parfois, des façons drôles de se
15　déclarer.　Oui, c'était pour elle, ce tonnerre de Dédèle et de Fifine sur l'enclume ; c'était pour elle, tout ce fer écrasé ; c'était pour elle, cette forge en branle, flambante d'un incendie, emplie d'un

---

7) **que les hommes étaient donc bêtes !**：冒頭の que は、感嘆文をつくる働き。　9) **faire la cour à ……**：「……に取り入る、言い寄る、口説く」。　**ils se la disputaient**：「彼らは互いに彼女を争って（奪い合って）いた」。disputer …… à qn（人）と……を争う。　11) **faire les gaillards**：「威勢を張る、元気でたくま

居 酒 屋

二十三。フィフィーヌは落ちついてその貴婦人のようなうやうやしいお辞儀を続けていた。

「なんて気取った野郎だ！」とベック＝サレ、またの名ボワ＝サン＝ソワフは冷やかにつぶやいた。

一方ジェルヴェーズは、グル＝ドールの正面で、優しい微笑みを浮かべながら見つめていた。ああ！　男たちというのはなんて愚かなんだろう！　この二人は彼女に言い寄るために、ボルトを打っているのではないか！　ああ、彼女にはよくわかっていた。彼らはハンマーを打ち合って、彼女を争っているのだ。彼らは小さな白い雌鶏の前で、威勢を張り合っている二羽の大きな赤い雄鶏のようなものだ。いろいろ新しい思いつきが必要なのだ。それにしても心というものは、みずからの思いを打ち明けるのに、ときどき奇妙なやり方をするものだ。そう、鉄床の上に鳴り響くデデールとフィフィーヌの雷鳴は、彼女のためのものだ。押しつぶされたこの鉄も全部、彼女のためのものだ。火事のように燃え上がり、はじけ飛ぶ激しい火花に満ちた

---

しい男であることを見せる」。faire+ 定冠詞 + 名詞（化した形容詞）で、「……としてふるまう、を装う、のふりをする」の意味。ex. faire l'idiot 「ばかなまねをする」。faire l'aimable「愛想よく振る舞う」。　14) **tout de même**：「それでも、やはり」(=quand même)。

— 83 —

pétillement d'étincelles vives.　Ils lui forgeaient
là un amour, ils se la disputaient, à qui forgerait
le mieux.　Et, vrai, cela lui faisait plaisir au fond ;
car enfin les femmes aiment les compliments.
5 Les coups de marteau de la Gueule-d'Or surtout
lui répondaient dans le cœur ; ils y sonnaient,
comme sur l'enclume, une musique claire, qui
accompagnait les gros battements de son sang.
Ça semble une bêtise, mais elle sentait que ça lui
10 enfonçait quelque chose là, quelque chose de
solide, un peu du fer du boulon.　Au crépuscule,
avant d'entrer, elle avait eu, le long des trottoirs
humides, un désir vague, un besoin de manger
un bon morceau ; maintenant, elle se trouvait
15 satisfaite, comme si les coups de marteau de la
Gueule-d'Or l'avaient nourrie.　Oh ! elle ne
doutait pas de sa victoire.　C'était à lui qu'elle
appartiendrait.　Bec-Salé, dit Boit-sans-Soif,

---

2) **à qui forgerait le mieux**：「だれがいちばん上手に鍛えるか」。à qui...... は「競争で」。cf. C'est à qui finira le premier.「誰が最初に終わるか競争だ」。　11) **un peu du fer du boulon**：「少量のボルトの鉄、ボルトの鉄の一部」。　17) **C'était à lui qu'elle**

居 酒 屋

この揺れ動く鍛冶場も、彼女のためのものだ。彼らは彼女への愛を鍛えている。どちらが上手に鍛えるかで、彼女を奪い合っているのだ。そして実際、彼女は心の奥底で、それを喜んでいた。なぜなら、つまるところ、女というものはお世辞を好むものだからだ。グル＝ドールのハンマーの打撃は、とりわけ彼女の心に響いた。それは心の中に、鉄床の上と同じように、澄み切った音楽をうち鳴らし、彼女の血の激しい鼓動と響き合っていた。愚かなことのようだが、彼女はそれが心に何かを、何かしっかりしたものを、ボルトの鉄の一部分を、打ち込んでくれるのを感じていた。たそがれ時に、ここに入ってくる前には、湿った歩道を歩きながら、彼女はとりとめのない欲望を、何かおいしいものを一口食べたいという欲求をおぼえていたが、今はまるでグル＝ドールのハンマーの打撃が滋養を与えたかのように、彼女は満足していた。ああ！彼女は彼の勝利を疑わなかった。彼女は彼のものになるだろう。ベック＝サレ、

---

**appartiendrait**：「彼女は彼のものになるだろう」。c'est ...... que ...... は強調構文。appartiendrait は条件法現在形で、過去における未来を表す。

était trop, laid, dans sa cotte et son bourgeron sales, sautant d'un air de singe échappé. Et elle attendait, très rouge, heureuse de la grosse chaleur pourtant, prenant une jouissance à être
5 secouée des pieds à la tête par les dernières volées de Fifine.

Goujet comptait toujours.

«Et vingt-huit! cria-t-il enfin, en posant le marteau à terre. C'est fait, vous pouvez voir.»
10 La tête du boulon était polie, nette, sans une bavure, un vrai travail de bijouterie, une rondeur de bille faite au moule. Les ouvriers la regardèrent en hochant le menton ; il n'y avait pas à dire, c'était à se mettre à genoux devant.
15 Bec-Salé, dit Boit-sans-Soif, essaya bien de blaguer ; mais il barbota, il finit par retourner à son enclume, le nez pincé. Cependant, Gervaise s'était serrée contre Goujet, comme pour mieux voir. Étienne avait lâché le soufflet, la forge de

---

5) **des pieds à la tête**：「足の先から頭の天辺まで」。　13) **il n'y avait pas à dire**：「文句の付けようがなかった」。　14) **c'était à se mettre à genou devant**：être à + 不定詞はこの場合「……す

居 酒 屋

またの名ボワ＝サン＝ソワフは、汚い作業ズボンと仕事服を着て、逃げ出した猿のような恰好で飛び回って、あまりに醜かった。そして彼女は、真っ赤になりながらも激しい熱気をうれしく思い、フィフィーヌの最後の跳躍に、足の先から頭の先まで揺さぶられるのに快感をおぼえながら、待っていた。

　グージェは数え続けた。

「二十八！」と彼は最後に叫んで、ハンマーを床においた。「出来上がりだ！見てもらおう」

　ボルトの頭はつやつやかでくっきりとし、傷ひとつなく、まさに宝石細工のような仕上がりで、鋳型で作った玉のように丸かった。職工たちは顎でうなずきながらそれをじっと見つめた。文句のつけようがなく、その前でひざまずくべき出来映えだった。ベック＝サレ、またの名ボワ＝サン＝ソワフは何か冷やかしを言おうとしたが、しどろもどろになり、ふんと鼻先であしらって自分の鉄床に戻ってしまった。そのあいだにジェルヴェーズは、もっとよく見ようとするかのように、グージェにぴったりと寄り添ってい

---

べきである、……する価値がある」の意。se mettre à genou は「ひざまずく」。

nouveau s'emplissait d'ombre, d'un coucher d'astre rouge, qui tombait tout d'un coup à une grande nuit.   Et le forgeron et la blanchisseuse éprouvaient une douceur en sentant cette nuit les envelopper, dans ce hangar noir de suie et de limaille, où des odeurs de vieux fers montaient ; ils ne se seraient pas crus plus seuls dans le bois de Vincennes, s'ils s'étaient donné un rendez-vous au fond d'un trou d'herbe.   Il lui prit la main comme s'il l'avait conquise.

*   *   *   *   *

A partir de cette époque, Virginie reparla souvent de Lantier à Gervaise.   Elle semblait se plaire à l'occuper de son ancien amant, pour le plaisir de l'embarrasser, en faisant des suppositions.   Un jour, elle dit l'avoir rencontré ; et, comme la blanchisseuse restait muette, elle n'ajouta rien, puis le lendemain seulement laissa entendre qu'il lui avait longuement parlé d'elle, avec beaucoup de tendresse.   Gervaise était très

---

13) **l'occuper de son ancien amant**：「昔の愛人のことで彼女の頭をいっぱいにする」。l'(=la) はジェルヴェーズを受ける。

た。エチエンヌはすでにふいごを離しており、赤い天体は沈んで鍛冶場はふたたび闇に満たされ、たちまちのうちに深い夜におちていった。そして鍛冶工と洗濯女は、古鉄のにおいがたちのぼる、この煤とやすりくずで真っ黒になった仕事場で、暗闇が彼らを包むのを感じて、静かな喜びを感じていた。たとえヴァンセンヌの森の、草むらの穴の奥底で逢い引きをしたとしても、彼らはこれほど二人きりには感じなかっただろう。彼はまるで彼女を征服したかのように、彼女の手をとった。

　　　　＊　　　＊　　　＊　　　＊　　　＊

　このころからヴィルジニーは、ジェルヴェーズにしばしばランチエのことを話した。ジェルヴェーズを困らせて楽しむために、あれこれと憶測して、彼女に昔の愛人のことを考えさせておもしろがっているように見えた。ある日ヴィルジニーは、ランチエに出会ったと言った。しかし洗濯女が黙ったままでいたので、それ以上は何も言わなかった。それから翌日になってようやく、彼がジェルヴェーズのことを長々と、とても優しい口調で話したとほのめかし

---

occuper qn de ...... は、「......で（人）の心を占領する」。　17) **laisser entendre**：「ほのめかす」。

troublée par ces conversations chuchotées à voix basse, dans un angle de la boutique.　Le nom de Lantier lui causait toujours une brûlure au creux de l'estomac, comme si cet homme eût laissé là, sous la peau, quelque chose de lui. Certes, elle se croyait bien solide, elle voulait vivre en honnête femme, parce que l'honnêteté est la moitié du bonheur.　Aussi ne songeait-elle pas à Coupeau, dans cette affaire, n'ayant rien à se reprocher contre son mari, pas même en pensée. Elle songeait au forgeron, le cœur tout hésitant et malade.　Il lui semblait que le retour du souvenir de Lantier en elle, cette lente possession dont elle　était reprise, la rendait infidèle à Goujet, à leur amour inavoué, d'une douceur d'amitié.　Elle vivait des journées tristes,

---

4) **creux de l'estomac**：「みぞおち」。　**comme si cet homme eût laissé là ……**：comme si のあとはふつうは直説法半過去形または直説法大過去形が用いられるが、ここでは接続法大過去形が用いられている。　6) **vivre en honnête femme**：「貞淑な女として生きる」。en は「・・として」という資格を表す前置詞。honnête は女性について用いるときには「《古風》貞淑な、身持ちのよい」の意。　8) **Aussi ne songeait-elle pas à Coupeau ……**：文頭に副詞（この場合は aussi）がきたとき、主語と動

た。ジェルヴェーズは、店の片隅で小声でささやかれたこれらの話に、ひどく心をかき乱された。ランチエの名前を聞くと、彼女はいつも、みぞおちに焼け付くような感じをおぼえた。まるでこの男が、そこの皮膚の下に、何か彼のものを残していったかのようだった。たしかに彼女は、自分はとてもしっかりしていると思っていたし、貞淑な女として生きたいと思っていた。なぜなら貞淑さは幸福の半分を占めるからだ。だからこの問題に関して、彼女はクーポーのことは考えなかった。夫に対して、たとえ気持ちの上だけでも、やましいことは何もなかったからだ。彼女はためらいがちに、心を痛めながら、鍛冶工のことを考えた。ランチエの思い出がよみがえってきて、ふたたび徐々に心がとらわれていくのは、グージェに対する、甘美な友情に満ちたいまだ告白されない二人の愛に対する裏切りである

---

詞は倒置される。　9) **se reprocher contre son mari**：「夫に対して自らをとがめる」。　10) **pas même en pensée**：「たとえ心の中だけでさえも (ない)」。même は強調の副詞。　11) **le cœur tout hésitant et malade**：tout は強調の副詞。malade は「心」について言うときには、「痛んだ、傷ついた」の意。　13) **cette lente possession dont elle était reprise**：「彼女がふたたびとらわれたこの緩慢な所有→彼女の心がふたたび徐々にとらえられていくこと」。

L'Assommoir

lorsqu'elle se croyait coupable envers son bon ami.　Elle aurait voulu n'avoir de l'affection que pour lui, en dehors de son ménage.　Cela se passait très haut en elle, au-dessus de toutes les
5 saletés, dont Virginie guettait le feu sur son visage.

\*　　\*　　\*　　\*　　\*

Peu à peu, sa peur de Lantier diminua, elle redevint raisonnable.　A cette époque, elle aurait encore vécu très heureuse, sans Coupeau, qui
10 tournait mal, décidément.　Un jour, elle revenait justement de la forge, lorsqu'elle crut reconnaître Coupeau dans l'Assommoir du père Colombe, en train de se payer des tournées de vitriol, avec Mes-Bottes, Bibi-la-Grillade et Bec-Salé, dit
15 Boit-sans-Soif.　Elle passa vite, pour ne pas avoir l'air de les moucharder.　Mais elle se retourna :

---

2) **Elle aurait voulu n'avoir de l'affection que pour lui**：「彼女は彼だけにしか愛情を持ちたくなかった（がそうはできなかった）」。aurait voulu という条件法過去形は、非現実を表す。
3) **se passer**：「起こる、生じる」。　4) **toutes les saletés**：「あらゆる下劣な事柄（感情）」。　8) **elle aurait encore vécu très heureuse, sans Coupeau, qui tournait mal ......**：tourner mal は

— 92 —

ように思えた。彼女は良き友人に対して自身を罪深い女だと考えて、何日も悲しい日々を過ごした。彼女は家庭以外では、彼にしか愛情を持ちたくなかった。その愛情は彼女の心のずっと高いところに、ヴィルジニーが彼女の顔にその火が燃え出すのをうかがっていたあらゆる下劣な感情を超越したところに存在していた。

＊　　＊　　＊　　＊　　＊

　少しずつランチエへの恐怖は薄らいで、彼女は分別を取り戻した。この頃には、すっかりぐれ始めたクーポーさえいなければ、彼女はまだとても幸福に暮らせただろう。ある日、彼女がちょうど鉄工所から戻ってきたとき、コロンブ親父の《アソモワール》で、クーポーがメ＝ボットやビビ＝ラ＝グリヤッド、ベック＝サレまたの名ボワ＝サン＝ソワフと一緒に、安ブランデーをおごりあっているのを認めた。彼女は彼らを見張っているように見えるのを恐れて、足早に通り過ぎた。しかし彼女は振り返った。という

---

「(状況が) 悪化する；身をもちくずす、ぐれる」の意。aurait vécu は vivre の条件法過去形。「クーポーがいなければ」という仮定の下での非現実を表す。　　13) **se payer des tournées de vitriol**：「安ブランデーをたがいにおごり合う」。　　16) **moucharder**："espionner la conduite de quelqu'un" (Delvau)「見張る、監視する」。

L'Assommoir

c'était bien Coupeau qui se jetait son petit verre de schnick dans le gosier, d'un geste familier déjà. Il mentait donc, il en était donc à l'eau-de-vie, maintenant ! Elle rentra désespérée ; toute son
5 épouvante de l'eau-de-vie la reprenait.　Le vin, elle le pardonnait, parce que le vin nourrit l'ouvrier ; les alcools, au contraire, étaient des saletés, des poisons qui ôtaient à l'ouvrier le goût du pain.　Ah ! le gouvernement aurait bien dû
10 empêcher la fabrication de ces cochonneries !

## Chapitre VII

La fête de Gervaise tombait le 19 juin.　Les jours de fête, chez les Coupeau, on mettait les petits plats dans les grands ; c'étaient des noces dont on sortait ronds comme des balles, le ven-
15 tre plein pour la semaine.　Il y avait un nettoyage

---

2) **schnick**："eau-de-vie de qualité inférieure" (Delvau)「粗悪なブランデー」。　3) **il en était donc à l'eau-de-vie**：en être à ......「……にまでいたる、達する」。　8) **ôter ...... à qn**：「(人)から……を奪う」。　9) **le gouvernement aurait bien dû ......**：「政府は……するべきだったのに(しなかった)」。aurait dû はdevoirの

居酒屋

のもたしかにクーポーが、はやくも慣れきったしぐさで、小さなコップの粗悪なブランデーを喉に流し込んでいたからだった。それでは彼は嘘をついていたのだ。もうブランデーを飲むようになっているのだ。彼女は絶望して家に戻った。ブランデーに対する恐怖がそっくりよみがえった。ぶどう酒なら彼女は許していた。ぶどう酒は労働者を養うからだ。反対にアルコールは下劣な飲み物で、労働者からパンの味を奪う毒薬だった。ああ、政府はこんな浅ましい酒の製造を禁止してくれればいいのに。

## 第 7 章

ジェルヴェーズの霊名の祝日は六月十九日だった。祝日にはクーポー家では、盛大にご馳走をふるまうのが常だった。それは皆が一週間分を腹一杯に詰め込んで、最後にはボールのようにまるまると膨らむような大宴会だった。お金はきれいさっぱりと使いつくされた。クーポー家ではわ

---

条件法過去形。非現実を表す。
11) fête:「(カトリックの暦で)霊名の祝日」。洗礼名と同じ聖人の祝日のこと。　tomber:「(日付が……に)あたる」。　12) les Coupeau:「クーポー家」。　on mettait les petits plats dans les grands:「大皿の間に小皿を置いた→盛大にもてなした」。

L'Assommoir

général de la monnaie.　Dès qu'on avait quatre sous, dans le ménage, on les bouffait.　On inventait des saints sur l'almanach, histoire de se donner des prétextes de gueuletons.　Virginie
5 approuvait joliment Gervaise de se fourrer de bons morceaux sous le nez.　Lorsqu'on a un homme qui boit tout, n'est-ce pas ? c'est pain bénit de ne pas laisser la maison s'en aller en liquides et de se garnir d'abord l'estomac.
10 Puisque l'argent filait quand même, autant valait-il faire gagner au boucher qu'au marchand de vin.　Et Gervaise, agourmandie, s'abandonnait à cette excuse.　Tant pis ! ça venait de Coupeau, s'ils n'économisaient plus un rouge liard.　Elle

---

1) **quatre sous**：「4スウ→わずかなお金」。1スウは昔の貨幣単位で5サンチームに相当。Cf. manger ses quatre sous 「わずかな財産を食いつぶす」。　3) **histoire de se donner des prétextes de gueuletons**：「ただ宴会の口実を自分たちに与えるために」。histoire de + 不定詞《話》「ただ……するために」。gueuleton 「《話》（たらふく食べて飲み騒ぐ）宴会」。　5) **se fourrer de bons morceaux**：「おいしいものを詰め込む」。　6) **sous le nez**：「目の前で、鼻先で」。　7) **c'est pain bénit de + 不定詞**：「《話》……するのは当然である」。　8) **laisser la maison s'en aller en liquides**：「家が酒（液体）になってなくなってしまうがままにする」。laisser+直接目的語+不定詞は「……に……させてお

居 酒 屋

ずかでもお金があると、それをむさぼり食った。暦の上に聖人をでっち上げるのは、ただ宴会の口実を作るためだった。ヴィルジニーはジェルヴェーズが目の前で、うまいものを詰め込むのをまったく正当なことだと認めていた。何もかも飲んでしまう男を抱えていたら、家がお酒になって流れてしまうにまかせず、まずお腹をいっぱいにするのは当然ではないか。どちらにしてもお金はなくなるのだから、居酒屋に儲けさせるのも、肉屋に儲けさせるのも同じことだ。そして食い道楽になったジェルヴェーズは、この言い訳をいいことにしていた。仕方がない。自分たちが銅銭一枚貯えなくなったのも、クーポーのせいだ。彼女はま

---

く」（放任を表す）。　9) **se garnir l'estomac**：「《俗》腹を満たす、たらふく食う」。　10) **Puisque l'argent filait quand même**：「どちらにしてもお金はなくなるのだから」。quand même は「やはり、いずれにしても」。puisque は明らかな理由を表す。**autant valait-il faire gagner au boucher qu'au marchand de vin**：「居酒屋に儲けさせるのも肉屋に儲けさせるのも同じことだ」。il は非人称の主語。valoir autant：「同じくらいの価値である」。autant という副詞が文頭に出ているため、主語と動詞は倒置されている。faire は使役を表す。　12) **agourmandie**：「食い道楽になった」。agourmandir：devenir gourmand の過去分詞・女性単数形。

## L'Assommoir

avait encore engraissé, elle boitait davantage, parce que sa jambe, qui s'enflait de graisse, semblait se raccourcir à mesure.

[......]

La fête tombait justement un lundi. C'était une chance : Gervaise comptait sur l'après-midi du dimanche pour commencer la cuisine. Le samedi, comme les repasseuses bâclaient leur besogne, il y eut une longue discussion dans la boutique, afin de savoir ce qu'on mangerait, décidément. Une seule pièce était adoptée depuis trois semaines : une oie grasse rôtie. On en causait avec des yeux gourmands. Même, l'oie était achetée. Maman Coupeau alla la chercher pour la faire soupeser à Clémence et à M^me Putois. Et il y eut des exclamations, tant la bête parut énorme, avec sa peau rude, ballonnée de graisse jaune.

\*　　\*　　\*　　\*　　\*

---

3) **à mesure**：「それに応じて」。　6) **compter sur ......**：「……を あてにする」。　10) **ce qu'on mangerait**：「皆が何を食べるか」。 mangerait は manger の条件法現在形で、過去における未来を 表す。　12) **On en causait**：「一同はその話をした」。中性代名

居 酒 屋

すます太って、いっそうびっこをひいた。なぜなら彼女の足は脂肪でふくらみ、その分ちぢんだように見えたからだった。

［……］

祝日はちょうど月曜日にあたっていた。それは好都合で、ジェルヴェーズは日曜日の午後に料理を始めようと思っていた。土曜日に、アイロン掛けの女たちは仕事を手早く片づけてしまったので、何を食べるかをはっきりと決めるために、店の中で長いこと議論をした。一品だけは三週間前から決まっていた。よく肥えた鵞鳥のローストだった。一同は食い道楽の目を輝かせて、その話をした。しかも鵞鳥はもう買ってあった。クーポーの母親が、クレマンスとピュトワ夫人にその鵞鳥を吟味させるために、それを取りに行った。感嘆の叫びがあがった。ざらざらした皮をして、黄色い脂肪でふくらんだその鳥は、とてつもなく大きく見えたのだった。

　　　　＊　　＊　　＊　　＊　　＊

詞 en は、causer de ……「……について話す」の de 以下を受ける。この場合は「よく肥えた鵞鳥のロースト」のこと。　13) **Même, l'oie était achetée**：mêmeは強意の副詞。　16) **tant ……**：「それほど……」。原因を表す節を導く。

L'Assommoir

Ah ! tonnerre ! quel trou dans la blanquette ! Si l'on ne parlait guère, on mastiquait ferme. Le saladier se creusait, une cuiller plantée dans la sauce épaisse, une bonne sauce jaune qui
5 tremblait comme une gelée. Là-dedans, on pêchait les morceaux de veau ; et il y en avait toujours, le saladier voyageait de main en main, les visages se penchaient et cherchaient des champignons. Les grands pains, posés contre
10 le mur, derrière les convives, avaient l'air de fondre. Entre les bouchées, on entendait les culs des verres retomber sur la table. La sauce était un peu trop salée, il fallut quatre litres pour noyer cette bougresse de blanquette, qui s'avalait
15 comme une crème et qui vous mettait un incendie dans le ventre. Et l'on n'eut pas le temps de souffler, l'épinée de cochon, montée

---

1) **tonnerre**：「《間投詞的に》畜生、くそっ」。　**blanquette**：「（子牛、子羊、鶏などの）白ソース煮込み」。　2) **Si l'on ne parlait guère, ......**：「一同がほとんどしゃべらなかったのは、（……だからである）」。後に続く主節で、理由・説明を行う。ne ...... guère は「ほとんど……ない」。　**mastiquer**：「咀嚼する」。　**ferme**：ここでは副詞で「しっかりと、一生懸命」の意。　7) **de main en main**：「手から手へ」。　14) **noyer**：「溺れさせる→（水で）薄

居 酒 屋

　ああ、畜生め！　子牛の白ソース煮込みに大穴ができたぞ！　一同がほとんど口を利かなかったのは、一生懸命咀嚼していたからだった。どろりと濃いソースの中に一本のスプーンが突き刺さっていて、サラダボールはえぐられていった。それはジュレのようにふるえる黄色い素敵なソースだった。その中から一同は子牛の肉片をすくい上げた。肉はいつまでもなくならず、サラダボールは手から手へと渡されて、人々は顔をかがめてシャンピニオンを探した。会食者の後ろの壁に立てかけてあった大きなパンは、溶けてなくなるかのようだった。ひと口食べるごとにグラスの底がテーブルの上に当たる音が聞こえた。ソースはやや塩味がききすぎていた。クリームのように口当たりがよく、腹の中をかっと燃え上がらせるこのブランケットの奴めを薄めるには、四リットルの酒が必要だった。そして一同が息をつくひまもなく、豚の肩ロースの蒸し煮を深皿に盛っ

---

める」。　　**bougre(bougresse) de ......**：「《話》……のやつ」。親しみを込めた軽蔑・罵倒の表現。blanquette が女性名詞なので、ここでは bougresse という女性形になっている。　　17) **l'épinée de cochon**：「豚の肩ロースの塊（の蒸し煮）」。Larousse gastronomique によれば、épinée は豚の肩ロース肉（échine）のことで、背骨の骨起がとげ状になっているところからつけられた名称。骨付きのまま、あるいは骨を抜いて、蒸し煮にして供される。

## L'Assommoir

sur un plat creux, flanquée de grosses pommes de terre rondes, arrivait au milieu d'un nuage. Il y eut un cri.　Sacré nom ! c'était trouvé ! Tout le monde aimait ça.　Pour le coup, on allait se mettre en appétit ; et chacun suivait le plat d'un œil oblique, en essuyant son couteau sur son pain, afin d'être prêt.　Puis, lorsqu'on se fut servi, on se poussa du coude, on parla, la bouche pleine, Hein ? quel beurre, cette épinée ! Quelque chose de doux et de solide qu'on sentait couler le long de son boyau, jusque dans ses bottes.

[......]

« Peut-on vous donner un coup de main ? » cria Virginie.

Elle quitta sa chaise, passa dans la pièce voisine. Toutes les femmes, une à une, la suivirent.　Elles entourèrent la rôtissoire, elles regardèrent avec

---

1) **flanquer**：料理用語では「(付け合わせを) 添える」。　2) **nuage**：ここではもくもくとした雲のような「湯気」のことであろう。　4) **pour le coup**：《話》今回は、今度は」。coup は《話》で「度、回」(=fois)の意味。　5) **se mettre en appétit**：

居酒屋

て丸い大きなじゃがいもを添えたのが、もうもうとした湯気に包まれて登場した。叫び声があがった。畜生め！こいつはいい思いつきだ！それはみんなの大好物だった。今度こそ食欲がわいてきた。各人は準備を整えるためにパンで自分のナイフを拭きながら、横目でその皿を追っていた。そして一同は料理を取り分け終えるとすぐに、互いに肘をつつき合い、口をいっぱいにして話をした。どうだい！何てバターだ、この肩ロースは！　何かしら甘くて実質的なものが、はらわたの中を靴の底まで流れるのが感じられた。

［……］

「お手伝いしましょうか」とヴィルジニーが叫んだ。

彼女は椅子から離れて隣の部屋に入った。女たちはみな、次々と彼女の後に従った。彼女たちはロースト器を取り囲み、ジェルヴェーズとクーポーの母親が鳥を引っ張り

---

「食欲がわく」。　7) **lorsqu'on se fut servi**：動詞はse servir「（料理を）自分で取る」の直説法前過去形。　8) **on se poussa du coude**：「互いに肘でつつき合った」。　17) **une à une**：「ひとりまたひとりと」。

L'Assommoir

un intérêt profond Gervaise et maman Coupeau
qui tiraient sur la bête.   Puis, une clameur
s'éleva, où l'on distinguait les voix aiguës et les
sauts de joie des enfants.   Et il y eut une rentrée
triomphale : Gervaise portait l'oie, les bras raidis,
la face suante, épanouie dans un large rire
silencieux ; les femmes marchaient derrière elle,
riaient comme elle ; tandis que Nana, tout au
bout, les yeux démesurément ouverts, se haussait
pour voir.   Quand l'oie fut sur la table, énorme,
dorée, ruisselante de jus, on ne l'attaqua pas tout
de suite.   C'était un étonnement, une surprise
respectueuse, qui avait coupé la voix à la société.
On se la montrait avec des clignements d'yeux
et des hochements de menton.   Sacré mâtin !
quelle dame ! quelles cuisses et quel ventre !

\*   \*   \*   \*   \*

On complimenta beaucoup la chanteuse, qui
s'assit en affectant d'être brisée.   Elle demanda
à boire quelque chose, parce qu'elle mettait trop

---

2) **tirer sur ......**：「……を引っ張る」。  4) **une rentrée triomphale**：
「勝利の帰還、凱旋」。  12) **C'était un étonnement ...... qui ......**：

居酒屋

出そうとしているのを、熱心に眺めた。それから歓声がわき起こったが、そこには子供たちの甲高い声や喜んで飛び跳ねる音も混じっていた。そして盛大な凱旋式が行われた。ジェルヴェーズが腕をこわばらせ、汗ばんだ顔に静かな笑みをいっぱいに広げて、鵞鳥を運んできた。女たちは彼女の後について歩き、彼女と同じように笑っていた。ナナは、一番後ろで目をまん丸く見開いて、見ようとして伸び上がっていた。とても大きく、こんがりと焼けて、汁をしたたらせた鵞鳥がテーブルの上に置かれたとき、人々はすぐに取りかかろうとはしなかった。一同を押し黙らせたのは、驚きであり、敬虔な驚愕だった。皆は目配せをしたり顎でうなずいたりして、互いにその鵞鳥を示し合った。畜生め！何て見事なご婦人なんだ！何て腿だ！何て腹だ！

＊　　　＊　　　＊　　　＊　　　＊

　一同は、疲れはてた風を装いながら腰を下ろした歌い手を、たいそうほめたたえた。彼女は何か飲み物が欲しいと言った。その歌にあまりに多くの感情を込めすぎ、また神

---

強調構文。　　13) **couper la voix**：「声を出なくする」。　　14) **On se la montrait**：「互いにそれ（鵞鳥）を示し合った」。

L' Assommoir

de sentiment dans cette chanson-là, et qu'elle avait toujours peur de se décrocher un nerf. Toute la table, cependant, fixait les yeux sur Lantier, assis paisiblement à côté de Coupeau, mangeant déjà la dernière part du gâteau de Savoie, qu'il trempait dans un verre de vin.   En dehors de Virginie et de M$^{me}$ Boche, personne ne le connaissait.   Les Lorilleux flairaient bien quelque micmac ; mais ils ne savaient pas, ils avaient pris un air pincé.   Goujet, qui s'était aperçu de l'émotion de Gervaise, regardait le nouveau venu de travers.   Comme un silence gêné se faisait, Coupeau dit simplement :

« C'est un ami. »

Et, s'adressant à sa femme :

« Voyons, remue-toi donc !...   Peut-être qu'il y a encore du café chaud. »

Gervaise les contemplait l'un après l'autre, douce et stupide.   D'abord quand son mari avait

---

1) **et qu'elle avait toujours peur ......** : que は parce que の代用。同じ接続詞を2回以上用いる場合は、反復を避けて、2回目以降をqueで代用する。　3) **Toute la table** :「食卓の一同」。　11) **regarder**

居　酒　屋

経の筋がはずれやしないかとずっと心配していたからだった。しかし一座の人々は、クーポーのそばにおとなしく座り、はやくもサヴォワ菓子の最後の一切れをぶどう酒のグラスに浸しながら食べているランチエをじっと眺めていた。ヴィルジニーとボッシュ夫人の他は、だれも彼のことを知らなかった。ロリユー夫妻は何かいわくがあるらしいことを嗅ぎつけたが、何も知らなかったので、つんと取り澄ました顔をしていた。ジェルヴェーズの興奮に気づいたグージェは、その新参者を猜疑の目で見ていた。気詰まりな沈黙が生じたので、クーポーは簡単に言った。

「友だちだよ」

それから女房に向かって言った。

「さあ、ちょっとは動いたらどうだ。たぶんまだ熱いコーヒーが残っているだろう。」

ジェルヴェーズはおだやかに、そしてふぬけになったように、二人を交互に眺めていた。最初、夫が昔の愛人を店

---

qn de travers：「(人) を敵意のこもった (猜疑の) 目で見る」。
le nouveau venu：「新参者」。　13) se faire：「起こる、生じる」。
18) l'un après l'autre：「一方の後でもう一方を→二人を交互に」。

L' Assommoir

poussé son ancien amant dans la boutique, elle s'était pris la tête entre les deux poings, du même geste instinctif que les jours de gros orage, à chaque coup de tonnerre.　Ça ne lui semblait pas possible ; les murs allaient tomber et écraser tout le monde.　Puis, en voyant les deux hommes assis, sans que même les rideaux de mousseline eussent bougé, elle avait subitement trouvé ces choses naturelles.　L'oie la gênait un peu ; elle en avait trop mangé, décidément, et ça l'empêchait de penser.　Une paresse heureuse l'engourdissait, la tenait tassée au bord de la table, avec le seul besoin de n'être pas embêtée.　Mon Dieu ! à quoi bon se faire de la bile, lorsque les autres ne s'en font pas, et que les histoires paraissent s'arranger d'elles-mêmes, à la satisfaction générale ?　Elle se leva pour aller voir s'il restait du café.

---

5) **les murs allaient tomber ……** : aller の半過去形＋不定詞で、過去における近接未来を表す。　　7) **sans que ……** :「……することなしに」。節の中の動詞は接続法になる。　　14) **à quoi bon se faire de la bile** :「やきもきしても何になろうか」。à quoi bon＋不定詞で、「……して何になるのか」。se faire de la bile「《話》

居 酒 屋

のなかに押し込んだときには、彼女は両のこぶしで頭を抱え込んだのだった。それはひどい嵐の日に、雷が鳴るたびにするような本能的な動作だった。彼女にはそんなことがあり得ようとは思えなかった。今にも壁が崩れ、人々をみんな押しつぶしてしまうにちがいなかった。ところがモスリンのカーテンすら動くことなく、二人の男が座っているのを見ると、彼女は突然、こうしたことが当たり前だと思ったのだった。鵞鳥がやや、胸にもたれていた。たしかに彼女は食べ過ぎており、そのためにものを考えることができなかった。幸福な怠惰が彼女を鈍くさせ、ただ邪魔されたくないとだけ思いながら、テーブルの縁にへたり込んでいた。ああ、まったく、他の人たちが苛立たず、物事がみんなの満足するようにおのずから運んでいくように見えるとき、自分だけやきもきしても何の役に立つというのだろうか。彼女はコーヒーが残っているかどうか見るために立ち上がった。

---

やきもきする、気をもむ」。　**lorsque les autres ne s'en font pas**：「他のひとたちがやきもきしていないときに」。en は de la bile を受ける。　15) **et que les histoires paraissent s'arranger d'elles-mêmes**：queはlorsqueの反復を避けるための代用。d'elles-mêmes は「自分自身で、おのずから」。

L'Assommoir

## Chapitre VIII

« Auguste, laisse-moi, tu vas les réveiller, reprit-elle, les mains jointes.　Sois raisonnable.　Un autre jour, ailleurs...　Pas ici, pas devant ma fille... »

Il ne parlait plus, il restait souriant ; et, lentement, il la baisa sur l'oreille, ainsi qu'il la baisait autrefois pour la taquiner et l'étourdir. Alors, elle fut sans force, elle sentit un grand bourdonnement, un grand frisson descendre dans sa chair.　Pourtant, elle fit de nouveau un pas. Et elle dut reculer.　Ce n'était pas possible, la dégoûtation était si grande, l'odeur devenait telle, qu'elle se serait elle-même mal conduite dans ses draps.　Coupeau, comme sur de la plume,

---

10) **de nouveau**：「ふたたび」。　　**faire un pas**：「一歩前に出る」。
11) **la dégoûtation était si grande, l'odeur devenait telle, qu'elle se serait elle-même mal conduite dans ses draps**：si ...... que ...... と tel(le) ........ que ...... （どちらも「非常に（あまりに）……なので……」）を合わせた構文。se serait mal conduite は、se conduire mal「行儀の悪いふるまいをする」の条件法過去形。

居酒屋

## 第 8 章

「オーギュスト、離してちょうだい、あの人たちを起こしてしまうわ」と彼女は両手を合わせて頼んだ。「聞き分けをよくして。またいつか、別の場所でね……　ここじゃ駄目、娘の前では駄目よ……」

彼はもうしゃべらずに、笑ったままでいた。そしてゆっくりと、昔彼女をからかってうっとりとさせるためにしたように、彼女の耳に接吻した。それで彼女は力が抜け、大きな耳鳴りがして、激しい身震いが身体の中に降りてくるのを感じた。それでも彼女は、もう一歩前へと進み出た。が、すぐに後ずさりしなければならなかった。それは不可能だった。嫌悪があまりに大きく、また悪臭があまりにひどかったので、まるで彼女自身がシーツの中で粗相をしたかのようだった。クーポーは、羽根布団の上に寝ているかのように、正体もなく酔いつぶれ、口をゆがめ、手足は死

---

ここでは「粗相をする、汚いことをする」という意味だと思われる。条件法過去形は過去における非現実を表す。「(実際はしていないが) まるで彼女自身が、シーツのなかで粗相をしたようだった」。　14) **comme sur de la plume**：「羽根布団の上にいるかのように」。de la は部分冠詞。

L'Assommoir

assommé par l'ivresse, cuvait sa bordée, les membres morts, la gueule de travers.　Toute la rue aurait bien pu entrer embrasser sa femme, sans qu'un poil de son corps en remuât.

5　« Tant pis, bégayait-elle, c'est sa faute, je ne puis pas... Ah ! mon Dieu ! ah ! mon Dieu ! il me renvoie de mon lit, je n'ai plus de lit... Non, je ne puis pas, c'est sa faute. »

Elle tremblait, elle perdait la tête.　Et, pen-
10 dant que Lantier la poussait dans sa chambre, le visage de Nana apparut à la porte vitrée du cabinet, derrière un carreau.　La petite venait de se réveiller et de se lever doucement, en chemise, pâle de sommeil.　Elle regarda son père roulé
15 dans son vomissement ; puis, la figure collée contre la vitre, elle resta là, à attendre que le jupon de sa mère eût disparu chez l'autre homme,

---

1) **cuvait sa bordée** : cuver son vin は「（眠って）酔いをさます」の意。bordée は「《話》はしご酒」。　2) **de travers**：「斜めに、ゆがんで」。　**Toute la rue aurait bien pu entrer embrasser sa femme, sans qu'un poil de son corps en remuât.** la rue は集合的に「町内の人々、隣近所の住人；通行人」を示す。toute la rue は「町中の人々、通りがかりの人々全員」。aurait pu は条件法

居酒屋

んだようになって、連日の酔いをさましていた。町中の男が彼の女房に接吻しに入ってきたとしても、彼の身体は毛一筋も動かなかっただろう。

「仕方がないわ」と彼女は口ごもりながら言った。「この人が悪いのよ。こんなところには寝られないわ……　ああ、どうしよう、ああ、どうしよう。この人が私を自分のベッドから追い払って、私にはもう寝るベッドがないのよ……　だめ、こんなところには寝られないわ、この人が悪いのよ。」

彼女はふるえて、何がなんだかわからなくなった。そしてランチエが彼女を自分の部屋に押し込んでいったとき、ナナの顔が、部屋のガラス戸の、ガラスの背後に現れた。娘は目をさましたばかりで、寝間着のまま、眠気で青ざめた顔をし、静かに起きてきたのだった。彼女は父親が、吐いた汚物の中に転がっているのを見た。それから、顔をガラスに押しつけて、母親のペチコートが向かいのもうひと

---

過去形。sans que + 接続法は、「……することなしに」。en は「そのために、それによって」(=de cela)。　5) **tant pis**：「仕方がない」。　9) **perdre la tête**：「正気を失う」。　16) **attendre que le jupon de sa mère eût disparu**：attendre que のあとの節で、動詞は接続法になる。eût disparu は disparaître の接続法大過去形。

L'Assommoir

en face. Elle était toute grave. Elle avait de grands yeux d'enfant vicieuse, allumés d'une curiosité sensuelle.

## Chapitre IX

Au milieu de cette indignation publique, Gervaise vivait tranquille, lasse et un peu endormie. Dans les commencements, elle s'était trouvée bien coupable, bien sale, et elle avait eu un dégoût d'elle-même. Quand elle sortait de la chambre de Lantier, elle se lavait les mains, elle mouillait un torchon et se frottait les épaules à les écorcher, comme pour enlever son ordure. Si Coupeau cherchait alors à plaisanter, elle se fâchait, courait en grelottant s'habiller au fond de la boutique ; et elle ne tolérait pas davantage que le chapelier la touchât, lorsque son mari venait de l'embrasser. Elle aurait voulu changer

---

6) **elle s'était trouvée bien coupable, bien sale**：se trouver + 属詞で「自分を……と思う、感じる」。　11) **à les écorcher**：「その皮がむけるほどに」。à + 不定詞はここでは「……するほどまでに」

居酒屋

りの男の部屋に消えてしまうのを見守っていた。彼女はおそろしく真剣な顔をしており、悪ずれのした子供の大きな目を、性的な好奇心に輝かせていた。

# 第9章

　この世間一般の憤慨のなかにあって、ジェルヴェーズは疲れ、ややぼんやりして、平然と暮らしていた。最初のうちは彼女は自分が罪深く不潔だと思い、自分に嫌悪を感じていた。ランチエの部屋から出るときには、手を洗って、布きれを濡らし、汚れを消そうとするかのように、皮がむけるほど肩をこすった。そんなときクーポーが彼女をからかおうとすると、彼女は怒り、寒さに身を震わせながら、店の奥に服を着に走っていくのだった。また彼女は、夫が彼女に接吻したばかりの時には、帽子屋が彼女に触れるのを許さなかった。彼女は男を取り替えるたびに、できるこ

---

という程度・結果を表す。　16) **Elle aurait voulu changer de peau**：「(もしできるなら)皮膚を取り替えたかった」。条件法過去形は非現実を表す。changer de ＋ 無冠詞名詞で「……を替える」。

de peau en changeant d'homme.　　Mais, lentement, elle s'accoutumait.　　C'était trop fatigant de se débarbouiller chaque fois.　　Ses paresses l'amollissaient, son besoin d'être
5　heureuse lui faisait tirer tout le bonheur possible de ses embêtements.　　Elle était complaisante pour elle et pour les autres, tâchait uniquement d'arranger les choses de façon à ce que personne n'eût trop d'ennui.　　N'est-ce pas ? pourvu que
10　son mari et son amant fussent contents, que la maison marchât son petit train-train régulier, qu'on rigolât du matin au soir, tous gras, tous satisfaits de la vie et se la coulant douce, il n'y avait vraiment pas de quoi se plaindre.　　Puis,
15　après tout, elle ne devait pas tant faire de mal, puisque ça s'arrangeait si bien, à la satisfaction

---

5) **tout le bonheur possible**：「可能な限りの幸福」。　　6) **Elle était complaisante pour elle et pour les autres**：「彼女は自分に対しても他人に対しても寛大だった」。être complaisant pour qn：「……に親切である、愛想がいい」。　　8) **de façon à ce que personne n'eût trop d'ennui**：「だれもがあまりいやな思いをせずにすむように」。de façon à ce que + 接続法で、「……するように」。eût は接続法半過去形。　　9) **pourvu que son mari et son**

居 酒 屋

となら皮膚も取り替えたかった。しかししだいに、彼女も慣れていった。そのたびに体を洗うのは、あまりにくたびれることだった。怠惰のせいで彼女は投げやりになり、幸福でいたいという欲求が、その厄介な事態からも可能な限りの幸福を引き出させた。彼女は自分に対しても他人に対しても寛大で、ただだれもがあまりいやな思いをせずにすむように、物事をうまく収めようとつとめていた。そうではないか。夫と愛人が満足しており、家の中がささやかな規則正しい暮らしを続け、朝から晩まで冗談を言って、みんなが肥え太り、みんなが生活に満足して安穏に暮らしているならば、本当に何も文句を言うことはなかった。それに、結局のところ、彼女はそれほど悪いことはしていないはずだった。なぜならそれはとてもうまくいっていて、み

---

**amant fussent contents, que la maison marchât ......, qu'on rigolât ......**：pourvu que + 接続法で「……しさえすれば」。後続の2つのqueは、pourvu que の反復を避けるための代用。　13) **se la couler douce**：「《話》安穏に暮らす」。　14) **de quoi se plaindre**：「不平を言う理由」。de quoi + 不定詞は、「……する（に足りる）もの、……する理由（原因）」。　15) **après tout**：「結局、いずれにしても」。

L'Assommoir

d'un chacun ; on est puni d'ordinaire, quand on fait le mal.　Alors son dévergondage avait tourné à l'habitude.　Maintenant, c'était réglé comme le boire et le manger ; chaque fois que Coupeau
5 rentrait soûl, elle passait chez Lantier, ce qui arrivait au moins le lundi, le mardi et le mercredi de la semaine.　Elle partageait ses nuits.　Même, elle avait fini, lorsque le zingueur simplement ronflait trop fort, par le lâcher au beau milieu
10 du sommeil, et allait continuer son dodo tranquille sur l'oreiller du voisin.　Ce n'était pas qu'elle éprouvât plus d'amitié pour le chapelier.　Non, elle le trouvait seulement plus propre, elle se reposait mieux dans sa chambre,
15 où elle croyait prendre un bain.　Enfin, elle ressemblait aux chattes qui aiment à se coucher en rond sur le linge blanc.

\*　　\*　　\*　　\*　　\*

---

1) **un chacun**：「《古》または《話》誰もが」。　2) **faire le mal**：「悪事を働く、罪を犯す」。　5) **ce qui arrivait au moins le lundi, le mardi et le mercredi de la semaine**：ce は前文を受ける先行詞。「それは、そのことは」。　7) **Même, elle avait fini ...... par le lâcher ......**：finir par + 不定詞で「ついには……する、最後

居 酒 屋

んなが満足しているし、悪いことをすれば、ふつうは罰せられるのだから。それで彼女の不品行は、習慣になってしまった。今ではそれは、飲み食いと同じく、規則的だった。クーポーが酔っぱらって帰るたびに、彼女はランチエの部屋へ行ったが、少なくとも週のうち月曜と火曜と水曜はそうだった。彼女は夜を二つに分けていた。ついには、ただ屋根職人のいびきがひどすぎるというだけで、眠りこけている彼のもとを抜け出し、隣の男の枕の上で静かな眠りを続けに行くようにすらなった。帽子屋の方により親しみを感じていたというわけではなかった。そうではなくて、ただ彼の方がより身綺麗であると思い、風呂に入っているように思える彼の部屋の方がよりよく休めるからだった。要するに彼女は、白いシーツの上で丸くなって寝ることの好きな雌猫に似ていた。

　　　　＊　　　＊　　　＊　　　＊　　　＊

---

には……するにいたる」。même は強調の副詞。　9) **au beau milieu de ……**：「……の真っ最中に」。　11) **Ce n'était pas qu'elle éprouvât ……**：c'est que …… は「……だからだ」という理由を表す。否定形では従属節の中の動詞は接続法になる。

L'Assommoir

　Maintenant, Gervaise se moquait de tout. Elle avait un geste vague de la main pour envoyer coucher le monde.　A chaque nouvel ennui, elle s'enfonçait dans le seul plaisir de faire ses trois repas par jour.　La boutique aurait pu crouler ; pourvu qu'elle ne fût pas dessous, elle s'en serait allée volontiers, sans une chemise.　Et la boutique croulait, pas tout d'un coup, mais un peu matin et soir.　Une à une, les pratiques se fâchaient et portaient leur linge ailleurs.　M. Madinier, Mlle Remanjou, les Boche eux-mêmes, étaient retournés chez Mme Fauconnier, où ils trouvaient plus d'exactitude.　On finit par se lasser de réclamer une paire de bas pendant trois semaines et de remettre des chemises avec les taches de graisse de l'autre dimanche.　Gervaise,

---

2) **envoyer coucher le monde**：「人々を追い払う」。envoyer qn (se) coucher 「（人）を厄介払いする」。　5) **La boutique aurait pu crouler**：「店は（もしつぶれるものならば）つぶれてもよかった」。aurait pu は条件法過去形。　6) **pourvu qu'elle ne fût pas dessous**：「彼女がその下敷きにならないかぎり」。pourvu que + 接続法は、「……でありさえすれば」。　7) **s'en serait allée**：s'en aller「出ていく、立ち去る」の条件法過去形。　**sans une chemise**：「下着の一枚もなしに→無一物で」。Cf. n'avoir même

居酒屋

　今ではジェルヴェーズは、何もかも鼻先であしらっていた。彼女はいい加減な手振りをして、みんなを追い払った。新しい厄介ごとが持ち上がるたびに、彼女は一日に三度の食事をするという唯一の楽しみに没頭した。店はつぶれるかもしれなかったが、彼女はその下敷きにならないかぎり、無一物で、喜んで出て行っただろう。そして実際、店はつぶれかけていたが、それはいちどきにではなく、朝に晩に少しずつだった。お客は、ひとりまたひとりと、腹を立てて、洗濯物を他へ持っていった。マディニエ氏やルマンジュー嬢、ボッシュ夫妻ですら、もっと几帳面な仕事をするフォーコニエ夫人の店へ戻っていった。人々は、一足の靴下を三週間もの間催促したり、前の日曜日の脂の染みがついたワイシャツをまた着たりするのに、ついにはうんざりしてしまったのだった。ジェルヴェーズも負けずに悪

---

pas de chemise「下着すら持っていない→赤貧である」、vendre sa chemise「自分の下着を売る→全財産を手放す」などと同種の表現。　8) **la boutique croulait**：「店はつぶれかけていた」。動詞の半過去は、ここでは過去における進行中の出来事を示す。Cf. Il mourait.「彼は死にかけていた」。　**tout d'un coup**：「突然に、いちどきに」。　9) **les pratiques**：「《古風》得意客、顧客」。　16) **l'autre dimanche**：「このあいだの日曜日」。

— 121 —

L'Assommoir

sans perdre un coup de dent, leur criait bon voyage, les arrangeait d'une propre manière, en se disant joliment contente de ne plus avoir à fouiller dans leur infection. Ah bien ! tout le
5 quartier pouvait la lâcher, ça la débarrasserait d'un beau tas d'ordures ; puis, ce serait toujours de l'ouvrage de moins. En attendant, elle gardait seulement les mauvaises paies, les rouleuses, les femmes comme M^me Gaudron, dont pas une
10 blanchisseuse de la rue Neuve ne voulait laver le linge, tant il puait. La boutique était perdue, elle avait dû renvoyer sa dernière ouvrière, M^me Putois ; elle restait seule avec son apprentie, ce louchon d'Augustine, qui bêtissait en

---

1) **sans perdre un coup de dent**：「負けずに悪口を言い返して」。coup de dent は「かみつくこと、悪口」。Cf. donner un coup de dent à qn「《話》（人）にかみつく、ひどい悪口をあびせる」。**crier bon voyage**：「よい旅行をと叫ぶ→追い払う」。　2) **d'une propre manière**：「きれいさっぱりと」。　3) **ne plus avoir à fouiller dans leur infection**：「もはや彼らの臭い汚れものをかき回さなくてもよい」。avoir à + 不定詞は、「……しなければならない」。n'avoir plus à + 不定詞は、「もはや……する必要はない」。infection はこの場合「悪臭を放つもの」。　4) **tout le quartier pouvait la lâcher, ça la débarrasserait d'un beau tas d'ordures; puis ce serait ……**：tout le quartier は「町（界隈）中の人々」。pouvoir

居酒屋

口を言い返して彼らを厄介払いし、もう彼らの臭い汚れものをかき回さないでもよくなって大変ありがたいと思いながら、きれいさっぱり彼らを片づけてしまった。ああ、まったく、町中のひとびとが彼女を相手にしなくなったとしても、それで彼女は汚れものの山から解放されるのだ。それに仕事もそれだけ減るというものだ。今のところ彼女には、支払いの悪い客とか、街娼とか、ゴードロン夫人のように、あまりに臭うのでヌーヴ通りの洗濯女がだれ一人その下着を洗いたがらないような女だけが、残っていた。店は立ち行かなくなり、最後の女工であるピュトワ夫人にも暇を出さねばならなくなった。彼女は見習い女と二人きりになったが、その薮睨みのオーギュスティーヌは、年をと

---

は「・・してもよい」だが、次に条件法の動詞(débarrasserait, serait)がきているので、「たとえ……しても」という仮定の意味あいを含む。débarrasser qn de ...... は「(人)を……から解放する」。un beau tas d'ordureは「汚れものの大きな山」。beauはこの場合、量や程度をあらわし「かなりの、相当な」の意。
7) être de l'ouvrage de moins：「仕事の量が減る」。de l' は部分冠詞。de moins は「より少なく」。　8) les mauvaises paies：「悪い支払い→支払いの悪い客」。(paie=paye)　rouleuse："femme de mauvaise vie qui roule de quartier en quartier"(Delvau) 《古・隠》街娼」。　11) tant：「それほどに」。

— 123 —

L' Assommoir

grandissant ; et encore, à elles deux, elles n'avaient pas toujours de l'ouvrage, elles traînaient leur derrière sur les tabourets durant des après-midi entiers.　Enfin, un plongeon complet.　Ça sentait la ruine.

Naturellement, à mesure que la paresse et la misère entraient, la malpropreté entrait aussi. On n'aurait pas reconnu cette belle boutique bleue, couleur du ciel, qui était jadis l'orgueil de Gervaise.　Les boiseries et les carreaux de la vitrine, qu'on oubliait de laver, restaient du haut en bas éclaboussés par la crotte des voitures.　Sur les planches, à la tringle de laiton, s'étalaient trois guenilles grises, laissées par des clientes mortes à l'hôpital.　Et c'était plus minable encore à l'intérieur : l'humidité des linges séchant au plafond avait décollé le papier ; la perse pompadour étalait des lambeaux qui pendaient pareils à des toiles d'araignée lourdes de poussière ; la

---

3) **derrière**:「尻」。　4) **Ça sentait la ruine.**:「破産の匂いがした→破産間近だった」。　6) **à mesure que ......** :「……につれて」。
8) **On n'aurait pas reconnu** : reconnaître は、「(以前のものを) そ

居酒屋

るにつれてますます馬鹿になっていった。それでも、彼女ら二人にさえ、かならずしも仕事があるわけではなく、二人は午後いっぱい、スツールの上に腰をおろして、のらくらしていた。要するに完全な零落だった。破産が間近なのが感じられた。

　当然のことながら、怠惰と貧困が家の中へ入ってくるにつれて、汚れもまた入ってきた。かつてジェルヴェーズの誇りであった、空の色をしたあの美しい青い店は、面影すらとどめていなかった。洗うのを忘れた羽目板とショーウインドウのガラスは、上から下まで、馬車が泥をはねかけたままになっていた。飾り棚の上には、真鍮の横木に三枚の灰色の古着が掛かっていたが、それは施療院で死んだ女の客が残したものだった。店の中はもっと惨めだった。天井にぶら下げて乾かす洗濯物の湿気のために、壁紙がはがれていた。ポンパドゥール風のインド更紗は、ほこりで重くなった蜘蛛の巣のように、ぼろぼろに破れて垂れ下がっていた。機械は壊れ、火かき棒でつつかれて穴があき、骨

---

れと認める」。条件法過去形は、ここでは過去における推測を示す。　11) **du haut en bas**:「上から下まで」。　19) **la mécanique**:「機械」。アイロンを熱するための鋳物のストーブのこと。

mécanique, cassée, trouée à coups de tisonnier, mettait dans son coin les débris de vieille fonte d'un marchand de bric-à-brac ; l'établi semblait avoir servi de table à toute une garnison, taché
5 de café et de vin, emplâtré de confiture, gras des lichades du lundi.　Avec ça, une odeur d'amidon aigre, une puanteur faite de moisi, de graillon et de crasse.　Mais Gervaise se trouvait très bien là-dedans.　Elle n'avait pas vu la boutique se
10 salir ; elle s'y abandonnait et s'habituait au papier déchiré, aux boiseries graisseuses, comme elle en arrivait à porter des jupes fendues et à ne plus se laver les oreilles.　Même la saleté était un nid chaud où elle jouissait de s'accroupir.　Laisser
15 les choses à la débandade, attendre que la poussière bouchât les trous et mît un velours partout, sentir la maison s'alourdir autour de soi dans un engourdissement de fainéantise, cela

---

3) **marchand de bric-à-brac**：「骨董屋」。　4) **toute une garnison**：「(兵隊の) 一部隊全体」。　6) **lichades du lundi**：「月曜日の盛大な飲み食い」。lichade："manger et boire à s'en lécher les lèvres" (Delvau)「《隠》舌なめずりをするほどの飲み食い」。19世紀パリの労働者においては、日曜日だけでなく月曜日も仕事を

居 酒 屋

董屋の古い鋳物の破片となって、片隅に置かれていた。仕事台は一部隊全体が食卓に使ったかのように、コーヒーやぶどう酒の染みで汚れ、ジャムがはりつき、仕事を休んだ月曜日の盛大な飲み食いで脂ぎっていた。そのうえに、酸っぱい糊のにおいや、黴と痰と垢の混じった悪臭がただよっていた。しかしジェルヴェーズは、その中で大変居心地よくしていた。彼女は店が汚れていくのに気づかなかった。彼女は成りゆきに身をまかせ、破れた壁紙や脂じみた羽目板にも慣れてしまった。それは彼女が破れたスカートをはくようになり、もう耳を洗うこともなくなったのと同じだった。こんな汚らしいところでさえ、彼女にはその中にうずくまるのを楽しめる暖かい巣であった。万事を乱雑に成り行きまかせにし、ほこりが穴をふさいで、いたるところにビロードを敷きつめるのを待ち、家が自分のまわりで怠惰の無気力の中に重く沈んでいくのを感じることは、

---

せず、仲間と痛飲することが習慣的に行われ、問題となっていた。日曜日が家族の日であるのに対し、月曜日は仲間と気晴らしをする「仲間の日」であり、「聖月曜日」とも呼ばれていた。　11) en arriver à + 不定詞：「……するにいたる」。　15) à la débandade：「でたらめに、支離滅裂に」。

était une vraie volupté dont elle se grisait.　Sa tranquillité d'abord ; le reste, elle s'en battait l'œil.

## Chapitre X

　Gervaise, pour ne pas se faire remarquer, prit une chaise et s'assit à trois pas de la table.　Elle regarda ce que buvaient les hommes, du casse-gueule qui luisait pareil à de l'or, dans les verres.
　[......]
　Le gros père Colombe, qui allongeait ses bras énormes, les porte-respect de son établissement, versait tranquillement les tournées.　Il faisait très chaud, la fumée des pipes montait dans la clarté aveuglante du gaz, où elle roulait comme une poussière, noyant les consommateurs d'une buée, lentement épaissie ; et, de ce nuage, un

---

2) **s'en battre l'œil**：「《話》気にしない、どうでもよい」。
4) **se faire remarquer**：「自分に注目させる→人目を引く」。　6) **ce que buvaient les hommes**：「男たちが飲んでいるもの」。**casse-gueule**：「《古》強い酒」。　9) **ses bras énormes, les porte-respect de son établissement**：「彼の店の尊厳をになう巨大な両

居 酒 屋

彼女をうっとりとさせる真の悦楽であった。ともかく自分の身が平穏なことが第一だった。後のことはどうでもよかった。

## 第10章

　ジェルヴェーズは人目を引かないように、椅子をひとつ取って、テーブルから三歩ほど離れたところに座った。彼女は男たちが飲んでいるものを、コップの中で黄金のように輝いている強いブランデーを見つめた。

　[……]

　太ったコロンブ親父は、彼の店の尊厳をになう大きな両の腕をのばし、落ち着き払っておごり酒を注いでいた。とても暑く、パイプの煙はガス燈のまぶしい光の中にたちのぼり、そこでほこりのように渦を巻いて、酒を飲んでいる連中をしだいに濃くなっていくもやのなかに包んでいた。

---

の腕」。porte-respect は、他の俗語表現にもとづいて（たとえば porte-pipe「パイプを持つもの」が bouche「口」を表すなど）、ゾラ自身が作った造語と思われる。居酒屋の主人は、態度の悪い客に対しては、腕力を行使することからこのように表現したのであろう。

― 129 ―

L'Assommoir

vacarme sortait, assourdissant et confus, des voix cassées, des chocs de verre, des jurons et des coups de poing semblables à des détonations.　Aussi Gervaise avait-elle pris sa figure en coin de rue, car une pareille vue n'est pas drôle pour une femme, surtout quand elle n'en a pas l'habitude ; elle étouffait, les yeux brûlés, la tête déjà alourdie par l'odeur d'alcool qui s'exhalait de la salle entière.　Puis, brusquement, elle eut la sensation d'un malaise plus inquiétant derrière son dos.　Elle se tourna, elle aperçut l'alambic, la machine à soûler, fonctionnant sous le vitrage de l'étroite cour, avec la trépidation profonde de sa cuisine d'enfer.　Le soir, les cuivres étaient plus mornes, allumés seulement sur leur rondeur d'une large étoile rouge ; et l'ombre de l'appareil, contre la muraille du fond, dessinait des abominations, des figures avec des queues, des monstres

---

3) **Aussi Gervaise avait-elle pris sa figure en coin de rue**：「それでジェルヴェーズは顔をそむけていた」。en coin de rue は、「曲がり角のかたちに、横を向いて」の意味であろう。文頭に副詞 Aussi があるので、主語と動詞は倒置（複合倒置）されてい

居酒屋

そしてこの雲の中から、騒々しい物音がわき上がっていた。それは耳も聾さんばかりの雑然とした音で、しゃがれた叫び声やコップのぶつかりあう音、罵り声や爆竹にも似た拳骨の音などだった。それでジェルヴェーズは顔をそむけていた。なぜならこんな光景は女にとって、とりわけ慣れていない場合には、おもしろいものではないからだ。彼女は部屋全体からたちのぼるアルコールのにおいで、息が詰まり、目は焼け付きそうで、頭はもうくらくらしてきた。そのとき突然、彼女は背後に、もっと不安をそそる不快な感じを受けた。彼女は振り返った。するとそこには蒸留器が、酔っぱらい製造器が、せまい中庭のガラス屋根の下で、その地獄の調理場の深い震動をひびかせながら、動いているのが見えた。夜には、その銅の機械は、丸みを帯びた部分だけが大きな赤い星形の光で照らされて、いっそう陰鬱だった。そしてその機械の影は、奥の壁の上に、尻尾のあ

---

る。　6) **quand elle n'en a pas l'habitude**：「そのような習慣がないときには」。en は前文を受けて de cela の意。　17) **des abominations**：「おぞましい姿、魑魅魍魎」。

— 131 —

L'Assommoir

ouvrant leurs mâchoires comme pour avaler le monde.

«Dis donc, Marie-bon-bec, ne fais pas ta gueule ! cria Coupeau. Tu sais, à Chaillot les rabat-joie !... Qu'est-ce que tu veux boire ?

——Rien, bien sûr, répondit la blanchisseuse. Je n'ai pas dîné, moi.

——Eh bien ! raison de plus ; ça soutient, une goutte de quelque chose. »

Mais, comme elle ne se décidait pas, Mes-Bottes se montra galant de nouveau.

«Madame doit aimer les douceurs, murmura-t-il.

——J'aime les hommes qui ne se soûlent pas, reprit-elle en se fâchant. Oui, j'aime qu'on rapporte sa paie et qu'on soit de parole, quand on a fait une promesse.

---

3) **Marie-bon-bec**："femme bavarde, un peu trop forte en gueule, dans l'argot du peuple" (Delvau)「《隠》おしゃべり女」。 **ne fais pas ta gueule !**：faire la gueule「いやな顔をする、ふくれっ面をする」。 4) **à Chaillot les rabat-joie**：envoyer à Chaillot："envoyer promener" (Delvau)《隠》追い払う」。シャイヨはかつてのパリ郊外の村の名称。rabat-joie："personne mélancolique ou

居 酒 屋

る怪しい姿や、人々を呑み込もうとするかのように顎をかっと開いている怪物などの、魑魅魍魎を描き出していた。

「おい、口のへらない女め、ふくれっつらをするんじゃない！」とクーポーが大声で言った。「人がせっかくいい機嫌のところを邪魔するやつは出ていけ！……おまえは何が飲みたいんだ」

「何も飲みたくなんかないわ」と洗濯女は答えた。「あたしは晩御飯を食べてないのよ」

「そうときたら、なおさらだ。何か一滴飲めば元気が出るさ」

けれども彼女は決心がつかなかったので、メ＝ボットがまたしてもご婦人に親切なところを見せた。

「奥様は甘口がお好きにちがいない」と彼はささやいた。

「あたしが好きなのは酔っぱらわない男よ」と彼女は怒って言った。「そうよ、給料を持って帰って、約束をしたときにはそれを守ってもらいたいものだわ」

---

grondeuse" (Delvau) 「《隠》陰鬱な人、小言を言う人」。「喜びに水を差すもの」の意から。　8) **raison de plus**：「だからなおさらだ」。　**ça soutient**：soutenir 「元気づける、力づける」。　10) **se décider**：「決心する」。　12) **les douceurs**：この語は複数でふつう「甘いもの、お菓子」の意だが、ここでは「甘口の酒」のことであろう。　16) **être de parole**：「約束を守る」。

— 133 —

L' Assommoir

——Ah ! c'est ça qui te chiffonne ! dit le zingueur, sans cesser de ricaner. Tu veux ta part. Alors, grande cruche, pourquoi refuses-tu une consommation ?... Prends donc, c'est tout bénéfice. »

Elle le regarda fixement, l'air sérieux, avec un pli qui lui traversait le front d'une raie noire. Et elle répondit d'une voix lente ;

« Tiens ! tu as raison, c'est une bonne idée. Comme ça, nous boirons la monnaie ensemble. »

Bibi-la-Grillade se leva pour aller lui chercher un verre d'anisette. Elle approcha sa chaise, elle s'attabla. Pendant qu'elle sirotait son anisette, elle eut tout d'un coup un souvenir, elle se rappela la prune qu'elle avait mangée avec Coupeau, jadis, près de la porte, lorsqu'il lui faisait la cour. En ce temps-là, elle laissait la sauce des fruits à l'eau-de-vie. Et, maintenant,

---

1) **chiffoner**:「悩ませる、気がかりにさせる」。　3) **cruche**:「ばか、とんま」。　4) **c'est tout bénéfice**:「まったく損はない、いいことずくめだ」。　6) **avec un pli qui lui traversait le front d'une raie noire**:「黒い筋で彼女の額を横切る皺をよせて→額

居 酒 屋

「ああ、おまえが苛立っているのはそのことか！」屋根職人は冷やかすのをやめずに言った。「おまえの取り分が欲しいんだな。そんなら、大馬鹿め、なんで一杯やるのを断るんだ……さあ、飲めよ、飲むだけ得さ。」

彼女は真剣な面持ちで、額に黒い皺を一本を寄せて、彼をじっと見つめた。そしてゆっくりとした声で答えた。

「そうよ、あんたの言う通りよ、いい考えだわ。こんなふうにして、一緒にお金を飲んじまいましょうよ。」

ビビ＝ラ＝グリヤッドは立ち上がって、彼女にアニス酒を一杯取りに行った。彼女は椅子を寄せて、テーブルについた。アニス酒をちびちび飲んでいる間に、突然思い出がよみがえり、昔クーポーが彼女に言い寄っていたとき、彼といっしょに、入り口のそばで食べた梅のことを思い出した。あの頃彼女は、ブランデー漬けの果物の汁を残してい

---

に黒い皺を一本よせて」。　13) **siroter**：「《話》ちびちび味わって飲む」。　17) **faire la cour à qn**：「（人）に言い寄る」。　18) **fruits à l'eau de vie**：「ブランデー漬けの果物」。

L'Assommoir

voici qu'elle se remettait aux liqueurs. Oh ! elle se connaissait, elle n'avait pas pour deux liards de volonté. On n'aurait eu qu'à lui donner une chiquenaude sur les reins pour l'envoyer faire une
5 culbute dans la boisson. Même ça lui semblait très bon, l'anisette, peut-être un peu trop doux, un peu écœurant.

[……]

——Madame redouble ? » demanda Bec-Salé,
10 dit Boit-sans-Soif.

Non, elle en avait assez. Elle hésitait pourtant. L'anisette lui barbouillait le cœur. Elle aurait plutôt pris quelque chose de raide pour se guérir l'estomac. Et elle jetait des re-
15 gards obliques sur la machine à soûler, derrière

---

1) **Voici que ……**:「ほら……だ、……になる」。 2) **elle n'avait pas pour deux liards de volonté**:「彼女には意志というものがこれっぽっちもなかった」。n'avoir pas (pour) deux liards de ……「……がひとかけらもない」。liard は昔のお金の単位で、4分の1スウ。転じて「わずかなお金；ほんの少量」を示す。 3) **On n'aurait eu qu'à lui donner une chiquenaude sur les reins**:「お尻をちょっと指ではじきさえすればよかっただろう」。n'avoir qu'à + 不定詞 「……するだけでよい」。donner une

居 酒 屋

た。そして今や、彼女はまた、リキュールを口にし始めているのだ。ああ、彼女には自分のことがよくわかっていた。自分には意志のかけらもないのだ。尻を指でちょっとはじかれれば、もうそれだけでお酒の中に転がり落ちるのだ。しかもアニス酒はとてもおいしく思われた。むしろちょっと甘すぎて、胸がむかむかするくらいだった。

［……］

「奥様、おかわりは」とボワ＝サン＝ソワフことベック＝サレが尋ねた。

いや、もうたくさんだった。けれども彼女はためらった。アニス酒は胸をむかむかさせた。胃の調子を良くするには、むしろ何か辛口のものを飲んだほうがよかっただろう。それで彼女は、背後の酔っぱらい製造器の方を横目でながめた。肥満した金物屋のかみさんの腹のように丸く、

---

chiquenaude à ......：「……を指ではじく」。　4) **faire une culbute**：「転げ落ちる」。　11) **en avoir assez**：「もうたくさんである」。　12) **barbouiller le cœur**：「《話》胸をむかつかせる、吐き気を催させる」。barbouiller l'estomac とも言う。　13) **quelque chose de raide**：「《話》何か辛口のもの」。raide は《話》で、酒について「辛口の、強い」の意。　14) **se guérir l'estomac**：「自分の胃を治す、むかつきを抑える」。

L'Assommoir

elle.　Cette sacrée marmite, ronde comme un ventre de chaudronnière grasse, avec son nez qui s'allongeait et se tortillait, lui soufflait un frisson dans les épaules, une peur mêlée d'un désir.
5 Oui, on aurait dit la fressure de métal d'une grande gueuse, de quelque sorcière qui lâchait goutte à goutte le feu de ses entrailles.　Une jolie source de poison, une opération qu'on aurait dû enterrer dans une cave, tant elle était effrontée
10 et abominable !　Mais ça n'empêchait pas, elle aurait voulu mettre son nez là-dedans, renifler l'odeur, goûter à la cochonnerie, quand même sa langue brûlée aurait dû en peler du coup comme une orange.

15 　«Qu'est-ce que vous buvez donc là ? demanda-t-elle sournoisement aux hommes, l'œil allumé par la belle couleur d'or de leurs verres.

---

1) **ronde comme un ventre de chaudronnière grasse**：「肥満した金物屋のかみさんの腹のように丸い」。　5) **On aurait dit ……**：「まるで‥のようだった」。　**fressure**：「(動物の) はらわた、臓物」。　6) **gueuse**：「売春婦」。　7) **Une jolie source de poison**：「とんでもない毒の根源」。joliは反語的に「ひどい、大変な」の意。　10) **ça n'empêchait pas**：「それは妨げない→それでもやはり、それにもかかわらず」。　**elle aurait voulu ……**：「(で

居 酒 屋

　長くのびてくねくねと曲がった鼻をしたそのいまいましい大鍋は、彼女の肩に戦慄をおぼえさせ、欲望とないまぜになった恐怖を感じさせた。そう、それはまるで、大柄な売春婦か、腹の中の火を一滴ずつ外に洩らしていく魔法使いの女の、金属のはらわたのようだった。それはとんでもない毒の源であり、あまりにも破廉恥でおぞましいので、地下墓地に葬ってしまうべき仕事だった！　しかしそれでも、たとえ舌が焼けついて、そのためにオレンジのように皮がむけてしまったとしても、彼女はその中に鼻を突っ込み、くんくんとにおいを嗅ぎ、そのおぞましいものを味わいたかったのだ。

　「あんたたちはいったい何を飲んでるの」彼女は、こっそりと男たちに尋ねた。その目は彼らのグラスの美しい金色に映えて燃えていた。

---

きることなら）……したかった」。条件法過去は非現実を表す。　12) **quand même sa langue brulée aurait dû en peler du coup comme une orange**:「たとえ彼女の焼け付いた舌が、そのために、オレンジのように皮がむけてしまわねばならなかったとしても」。quand même ……「たとえ……でも」。この場合は仮定的な条件を示しているので、動詞は条件法過去形になっている。du coup は「その結果、それゆえに」。

L' Assommoir

——Ça, ma vieille, répondit Coupeau, c'est le camphre du papa Colombe... Fais pas la bête, n'est-ce pas ? On va t'y faire goûter. »

Et lorsqu'on lui eut rapporté un verre de vi-
5 triol, et que sa mâchoire se contracta, à la première gorgée, le zingueur reprit, en se tapant sur les cuisses :

«Hein ! ça te rabote le sifflet !... Avale d'une lampée. Chaque tournée retire un écu de six
10 francs de la poche du médecin. »

Au deuxième verre, Gervaise ne sentit plus la faim qui la tourmentait. Maintenant, elle était raccommodée avec Coupeau, elle ne lui en voulait plus de son manque de parole. Ils iraient
15 au cirque une autre fois ; ce n'était pas si drôle,

---

2) **camphre**:"eau-de-vie de qualité inférieure, âpre au gosier et funeste à l'estomac, comme on en boit dans les cabarets populaires" (Delvau)「《隠》質の悪いブランデー」。 **faire la bête**:「ばかを装う」。
3) **t'y faire goûter**:「おまえにそれを味わわせる」。goûter à ……「……の味を見る」。faire は使役を表す。 4) **lorsqu'on lui eut rapporté ……, et que ……**：2番目の que は、lorsque の反復を避けるための代用。eut rapporté は、直説法前過去形。単純過去の直前の時制を表す。 **vitriol**:「《隠》安ブランデー」。 8) **ça te rabote le sifflet**:「のどをがりがりこする、のどがひりひ

居 酒 屋

　「こいつは、おまえ、コロンブ親父の安ブランデーさ」とクーポーは答えた。「しらばっくれるなよ、今、味見させてやるからな」

　そして彼女のところに強いブランデーが運ばれてきて、最初の一口で喉がひきつったとき、屋根職人は太腿をたたきながら言葉を続けた。

　「どうだい、喉をがりがりこすられたみたいだろう……一気にぐいと飲め。一杯おごり合うたびに、医者のポケットから六フラン銀貨をふんだくることになるんだぜ」

　二杯目でジェルヴェーズは、もう彼女を苦しめていた空腹を感じなくなった。今や彼女はクーポーと仲直りして、彼が約束を破ったことをもう恨んではいなかった。サーカスへはまた今度行けばいい。馬に乗って走りながら芸当をする連中など、そんなにおもしろいものではない。コロン

---

りする」。Delvauによれば、raboter le siffletとは単に"boire un verre d'eau-de-vie ou de vin"「ブランデーまたはワインを飲む」の意だが、ここではraboter「鉋をかける；《話》がりがり（強く）こする」、sifflet「《話》のど」というもともとの意味が生かされていると思われる。　9) **lampée**：「（酒などの）ひと飲み」。　13) **en vouloir à qn de ......**：「（人）を……のことで恨む」。　14) **Ils iraient au cirque**：条件法現在形は過去における未来を表す。　15) **une autre fois**：「また今度」。

— 141 —

L'Assommoir

des faiseurs de tours qui galopaient sur des chevaux.　Il ne pleuvait pas chez le père Colombe, et si la paie fondait dans le fil-en-quatre, on se la mettait sur le torse au moins, on la buvait limpide
5 et luisante comme du bel or liquide.　Ah ! elle envoyait joliment flûter le monde ! La vie ne lui offrait pas tant de plaisirs ; d'ailleurs, ça lui semblait une consolation d'être de moitié dans le nettoyage de la monnaie.　Puisqu'elle était
10 bien, pourquoi donc ne serait-elle pas restée ? On pouvait tirer le canon, elle n'aimait plus bouger, quand elle avait fait son tas.　Elle mijotait dans une bonne chaleur, son corsage collé à son dos, envahie d'un bien-être qui lui engourdissait les
15 membres.　Elle rigolait toute seule, les coudes sur la table, les yeux perdus, très amusée par deux clients, un gros mastoc et un nabot, à une table

---

1) **des faiseurs de tours**:「芸をする人々」。tour はここでは「わざ、芸当」の意。　3) **fil-en-quatre**: "eau-de-vie très forte"(Delvau)「《隠》強いブランデー」。　6) **envoyer flûter qn**:「《古・話》……を追い払う」。　7) **d'ailleurs**:「そのうえ、しかも」　8) **être de moitié**:「片棒をかつぐ」。　10) **pourquoi donc ne serait-elle pas restée ?**:「どうしてとどまっていてはいけないわけがあろう」。動詞は条件法過去形。　12) **quand elle avait fait son tas**:「いっ

居 酒 屋

ブ親父の店では雨は降らないし、たとえ給料がブランデーの中に溶けてしまったとしても、少なくともお腹の中には入れたのだし、美しい金を溶かしたようなきらきらと輝く液体でその給料を飲むのだから。ああ、世間の人がなんと言おうと、構ったことではない！　人生が彼女にこれほどの喜びを与えてくれたことはなかった。しかも金を使うのに自分も片棒をかつぐというのは彼女には慰めであるように思われた。気持ちがいいのだから、どうしてここにいていけないわけがあろう。いったん御神輿を据えてしまったら、たとえ大砲で撃たれようと、てこでも動くのはいやだった。彼女は心地よい暖かさのなかでとろとろし、ブラウスは背中にはりつき、手足をしびれさせる安楽の中に浸っていた。テーブルに肘をつき、目もとろんとして、一人ではしゃいでいた。隣のテーブルの二人の客で、ずんぐり太

---

たん御神輿をすえてしまったら」。faire son tas は「うずくまる、腰を据える」。動詞は直説法大過去形なので「ひとたび……してしまったら」の意になる。　**mijoter**：本来は料理などが「とろとろ煮える」こと。　16) **les yeux perdus**：「目はうつろになって」。　17) **mastoc**："homme gras, gros, épais, lourd, dans l'argot du peuple"(Delvau)　「《隠》太った男」。　**nabot**："homme de petite taille, nain"(Delvau)　「小男」。

L'Assommoir

voisine, en train de s'embrasser comme du pain, tant ils étaient gris.　Oui, elle riait à l'Assommoir, à la pleine lune du père Colombe, une vraie vessie de saindoux, aux consommateurs fumant leur brûle-gueule, criant et crachant, aux grandes flammes du gaz qui allumaient les glaces et les bouteilles de liqueur.

[……]

Derrière elle, la machine à soûler fonctionnait toujours, avec son murmure de ruisseau souterrain ; et elle désespérait de l'arrêter, de l'épuiser, prise contre elle d'une colère sombre, ayant des envies de sauter sur le grand alambic comme sur une bête, pour le taper à coups de talon et lui crever le ventre.　Tout se brouillait, elle voyait la machine remuer, elle se sentait prise par ses pattes de cuivre, pendant que le ruisseau coulait maintenant au travers de son corps.

---

3) **la pleine lune**："visage large, épanoui, rayonnant de satisfaction et de santé"(Delvau)　「(満月のような満ち足りて輝かしい) まん丸の顔」。　4) **vessie de saindoux**：「豚の膀胱」。昔、豚肉屋はこれを丸くふくらませて看板にしたという。　5) **brûle-gueule**：

居 酒 屋

った男とちびの男が、ぐでんぐでんに酔っぱらって、パンの塊のように抱き合っているのがおもしろかったのだ。そう、彼女は居酒屋で笑っていた。豚の膀胱そっくりの、コロンブ親父のまん丸の顔や、短いパイプを吸ったり、怒鳴ったり、唾を吐いたりしている酒飲みたちや、鏡やリキュールの瓶を光らせている大きなガス燈の炎を見て、笑っていた。

［……］

彼女の背後では、酔っぱらい製造器が、あいかわらず地下水脈のような鈍い音を立てながら動いていた。そして彼女は、その機械に対して陰鬱な怒りをおぼえ、けだものに飛びかかるようにその大きな蒸留器に飛びかかり、踵で何度もたたきつけてその腹を突き破ってしまいたいと思いながらも、それを止め、その息の根を絶やすことはできないとあきらめていた。何もかもが朦朧としてきた。彼女には機械が動くのが見え、その銅の足で挟まれるのを感じた。その酒の流れは今や彼女の体の中を流れていた。

---

「《話》（たばこを吸う）短いパイプ」。　11) **désespérer de + 不定詞**:「……することに絶望する、をあきらめる」。　13) **sauter sur ……**:「……に飛びかかる」。　18) **au travers de ……**:「……を通して、の中を」。

L'Assommoir

　Puis, la salle dansa, avec les becs de gaz qui filaient comme des étoiles.　Gervaise était poivre. Elle entendait une discussion furieuse entre Bec-Salé, dit Boit-sans-Soif, et cet encloué de père Colombe.　En voilà un voleur de patron qui marquait à la fourchette !　On n'était pourtant pas à Bondy.　Mais, brusquement, il y eut une bousculade, des hurlements, un vacarme de tables renversées.　C'était le père Colombe qui flanquait la société dehors, sans se gêner, en un tour de main.　Davant la porte, on l'engueula, on l'appela fripouille.　Il pleuvait toujours, un petit vent glacé soufflait.　Gervaise perdit Coupeau, le retrouva et le perdit encore.　Elle voulait rentrer, elle tâtait les boutiques pour reconnaître son chemin.　Cette nuit soudaine l'étonnait beaucoup.　Au coin de la rue des

---

2) **poivre**：「《古・話》ブランデー；酔っぱらい」。　5) **En voilà ……**：「これこそ……だ、すごい……だ」。**un voleur de patron**：「泥棒親父」。　6) **marquer à la fourchette**："exagérer le compte d'un débiteur, ainsi qu'il arrive de faire à beaucoup de cafetiers, de restaurateurs, de tailleurs"(Delvau)「《隠》勘定を水増しする」。　7) **Bondy**：「（山賊のいる）ボンディの森」。パリの北東、現在の

居 酒 屋

　それから部屋が踊りだし、ガス燈が星のように流れた。ジェルヴェーズはぐでんぐでんに酔っぱらっていた。彼女はボワ＝サン＝ソワフことベック＝サレとあの泥棒めのコロンブ親父とが激しく言い争うのを聞いた。こいつこそ勘定書を水増しする泥棒親父だ！　だがここは、山賊のいるボンディの森じゃあないはずだ。しかし突然乱闘騒ぎが持ち上がり、わめき声や、テーブルをひっくり返す騒音が聞こえた。コロンブ親父が、動じる気配もなく、腕をひとふりして、連中を外へ追い出してしまったのだ。入り口の前でみんなは、親父をののしり、ごろつきと呼んだ。外はあいかわらず雨が降っていて、冷たい風が吹いていた。ジェルヴェーズはクーポーとはぐれ、また見つけ、またはぐれた。彼女は家に帰りたくて、自分がどこにいるのか知ろうとして立ち並ぶ店を手で探った。この突然の夜は、彼女を

---

セーヌ＝サン＝ドニ県にかつて広がっていた広大な森。山賊の隠れ家として知られていた。現在は森はその一部しか残っていない。　10) **flanquer qn dehors**：「《話》（人）を追い出す、たたき出す」。　11) **engueuler**：「《俗》ののしる、どなりつける」。　12) **fripouille**：「《話》詐欺師、ペテン師；悪党、ごろつき」。

L' Assommoir

Poissonniers, elle s'assit dans le ruisseau, elle se crut au lavoir.　Toute l'eau qui coulait lui tournait la tête et la rendait très malade.　Enfin, elle arriva, elle fila raide devant la porte des con-
5 cierges, chez lesquels elle vit parfaitement les Lorilleux et les Poisson attablés, qui firent des grimaces de dégoût en l'apercevant dans ce bel état.

Jamais elle ne sut comment elle avait monté
10 les six étages.　En haut, au moment où elle prenait le corridor, la petite Lalie, qui entendait son pas, accourut, les bras ouverts dans un geste de caresse, riant et disant :

«Madame Gervaise, papa n'est pas rentré, venez
15 donc voir dormir mes enfants...　Oh ! ils sont gentils !»

Mais, en face du visage hébété de la blanchisseuse, elle recula et trembla.　Elle connaissait ce souffle d'eau-de-vie, ces yeux pâles,

---

2) **Toute l'eau qui coulait lui tournait la tête**：tourner la tête à qn「(人)の頭をぼうっとさせる、頭を変にする」。　4) **filer**：「《話》(急いで)逃げる、立ち去る」。　**raide**：副詞で「急激

居酒屋

ひどく驚かせた。ポワソニエ通りの角で彼女は溝川の中に座り込んだ。洗濯場にいると思ったのだ。流れる水が彼女の頭をくらくらさせ、気分を悪くした。やっとのことで彼女は家にたどりつき、門番のドアの前を逃げるように通り過ぎたが、そこではロリユー夫妻とポワソン夫妻がテーブルについているのを彼女ははっきりと見た。彼らはそんなひどい状態の彼女を見て、不快そうなしかめ面をした。

どんなふうにして七階までの階段をのぼったのかわからなかった。上に着いて廊下を進もうとしたとき、彼女の足音を聞きつけた小さなラリーが、抱きつくように両手を広げて走ってきた。彼女は笑いながらこう言った。

「ジェルヴェーズのおばさん、パパは帰っていないから、子どもたちが眠っているのを見に来てちょうだい……とってもかわいいのよ！」

けれども彼女は、洗濯女の呆けた顔を見て、後ずさりし、震えた。彼女はそのブランデー臭い息や、どんよりした目、

---

に、突然」。　7) **ce bel état**:「こんなひどい状態」。bel(←beau)は反語的用法。　10) **au moment où ......**:「……するときに」。

L'Assommoir

cette bouche convulsée.　　Alors, Gervaise passa en trébuchant, sans dire un mot, pendant que la petite, debout sur le seuil de sa porte, la suivait de son regard noir, muet et grave.

## Chapitre XII

5　Ah ! oui, Gervaise avait fini sa journée ! Elle était plus éreintée que tout ce peuple de travailleurs, dont le passage venait de la secouer. Elle pouvait se coucher là et crever, car le travail ne voulait plus d'elle, et elle avait assez peiné dans
10　son existence, pour dire : « A qui le tour ? Moi, j'en ai ma claque ! » Tout le monde mangeait, à cette heure.　　C'était bien la fin, le soleil avait soufflé sa chandelle, la nuit serait longue.　　Mon Dieu ! s'étendre à son aise et ne plus se relever,
15　penser qu'on a remisé ses outils pour toujours et qu'on fera la vache éternellement ! Voilà qui est

---

9) **elle avait assez peiné dans son existence, pour dire ......** :「これまで生きてきたなかで十分苦しんだのだから、……と言ってよい」。assez ...... pour + 不定詞：「……するのに十分……、十分……なので……してよい」。　　10) **A qui le tour ?** :「今度は誰

居酒屋

ひきつった口を知っていた。そしてジェルヴェーズは、一言も言わずに、よろめきながら通り過ぎた。娘はそんな彼女の姿を、自分のドアの敷居の上に立って、黒い、無言の、考え深げなまなざしで見送っていた。

## 第12章

ああ、そうだ、ジェルヴェーズも一日を終わったのだ！彼女は今しがた通りがかりに彼女を小突いていったあの労働者の群れよりも、もっと疲れていた。もうここに横になってくたばってしまってもよかった。なぜなら労働はもはや彼女を必要としないのだし、これまで生きてきたなかでもう十分に苦しんできたのだから、「今度はだれの番なの？　あたしはもうたくさんだわ」と言ってもいいのだ。この時刻にはだれもが食事をしていた。もう本当におしまいだ。太陽はその炎を吹き消してしまって、これから長い夜が始まる。ああ、ゆったりと身を横たえて、もう起きあがらないでいられたら。道具を永久に片づけてしまって、

の番なの」。tour はここでは「順番」の意。　11) **j'en ai ma claque**：「もううんざりしたわ」。en avoir sa claque「《俗》がっくりする、へばる；うんざりする」。　16) **faire la vache**：「《俗》のらくらする」。

— 151 —

L' Assommoir

bon, après s'être esquintée pendant vingt ans !
Et Gervaise, dans les crampes qui lui tordaient
l'estomac, pensait malgré elle aux jours de fête,
aux gueuletons et aux rigolades de sa vie.　Une
fois surtout, par un froid de chien, un jeudi de
la mi-carême, elle avait joliment nocé.　Elle
était bien gentille, blonde et fraîche, en ce temps-
là.　Son lavoir, rue Neuve, l'avait nommée reine,
malgré sa jambe.　Alors, on s'était baladé sur les
boulevards, dans des chars ornés de verdure, au
milieu du beau monde qui la reluquait joliment.
Des messieurs mettaient leurs lorgnons comme
pour une vraie reine.　Puis, le soir, on avait
fichu un balthazar à tout casser, et jusqu'au jour
on avait joué des guiboles.　Reine, oui, reine !
avec une couronne et une écharpe, pendant
vingt-quatre heures, deux fois le tour du cadran !
Et, alourdie, dans les tortures de sa faim, elle

---

1) **s'esquinter**："se fatiguer à travailler"(Delvau)　「《俗》あくせく働く」。　4) **gueuleton**：「《話》(たらふく食べて飲み騒ぐ) 宴会」。　5) **un froid de chien**：「ひどい寒さ」。de chien「ひどい、最悪の」。　11) **le beau monde**：「上流社会の人々」。　**reluquer**："considérer, regarder avec attention"(Delvau)　「《話》じろじろ見

居 酒 屋

ずっとぐうたらしているんだと考えられたら。二十年もの間、苦しんで働いてきたあとでは、それこそ結構なことだ。そしてジェルヴェーズは、胃の腑をよじらせる痙攣のなかで、心ならずも、これまでの生涯の祝祭の日々、たらふく飲み食いした宴会や陽気な馬鹿騒ぎのことを考えた。とりわけ一度、身を切るほどの寒さのなかで、四旬節中日の木曜日だったが、すばらしいどんちゃん騒ぎをしたことがあった。あの頃彼女はとてもきれいで、金髪でみずみずしかった。彼女の通っていたヌーヴ通りの洗濯場は、足に難はあったものの、彼女を女王に任命したのだった。そしてみんなは、緑の葉で飾った山車に乗って大通りへ繰り出し、彼女を穴のあくほど見つめている上流人士のさなかを行進したのだった。紳士方は、本物の女王を見るかのように、鼻眼鏡をかけていた。それから夜には、乱痴気騒ぎの宴会をして、夜が明けるまで踊りまくったのだった。女王、そう、二十四時間、時計の針が二回りする間、冠をつけ肩から斜めに懸章をかけた女王だった。そして彼女は体も重

---

る」。　13) **on avait fichu un balthazar à tout casser**：「すべてを打ち壊すほどの→乱痴気騒ぎの大饗宴をした」。fichuはficher「《話》する、やる」の過去分詞。balthazar: "repas copieux"(Delvau)「《古》大饗宴、ごちそう」。　15) **jouer des guibolles**：ここでは「《俗》踊る」の意。

L' Assommoir

regardait par terre, comme si elle eût cherché le ruisseau où elle avait laissé choir sa majesté tombée.

Elle leva de nouveau les yeux. Elle se trouvait en face des abattoirs qu'on démolissait ; la façade éventrée montrait des cours sombres, puantes, encore humides de sang. Et, lorsqu'elle eut redescendu le boulevard, elle vit aussi l'hôpital Lariboisière, avec son grand mur gris, au-dessus duquel se dépliaient en éventail les ailes mornes, percées de fenêtres régulières ; une porte, dans la muraille, terrifiait le quartier, la porte des morts, dont le chêne solide, sans une fissure, avait la sévérité et le silence d'une pierre tombale.

[......]

Gervaise reprit lentement sa marche. Dans le brouillard d'ombre fumeuse qui tombait, les becs de gaz s'allumaient ; et ces longues avenues, peu à peu noyées et devenues noires,

---

1) **comme si elle eût cherché le ruisseau où elle avait laissé choir sa majesté tombée**：「まるで落とした威光を見失ってしまった川の流れを探すかのように」。comme si ......「まるで……のように」の節の動詞はふつう、直説法半過去か大過去がくるが、こ

居酒屋

く、空腹に痛めつけられながら、地面を見つめていた。まるで落とした威光を見失ってしまった川の流れを探すかのように。

　彼女はふたたび顔を上げた。すると取り壊し中の屠殺場の前にいた。大きな穴を穿たれた正面から中庭が見えたが、そこは薄暗く、いやな臭気を放って、まだ血で湿っていた。そしてふたたび大通りを下ってくると、ラリボワジエールの病院が見えた。その大きな灰色の壁の上には、陰気な翼が扇形に広がっていて、規則正しい窓が並んでいた。壁面に穿たれたひとつの扉が、界隈の人々を震え上がらせていたが、それは死者たちの扉で、その堅牢なナラ材は裂け目ひとつなく、墓石のような厳格さと静寂を持っていた。

　［……］

　ジェルヴェーズはまたのろのろと歩き出した。煙のような黒いもやが降りてきて、ガス燈がともり始めた。だんだんと影に沈んで暗くなってきていたその長い大通りは、ふたたびすっかり輝いて現れ、さらに長くのびて、夜を貫き、

---

こでは接続法大過去が用いられている。　4) **de nouveau**:「ふたたび」。　5) **les abattoirs qu'on démollissait**:「取り壊し中の屠殺場」。半過去はここでは過去において進行中の出来事を表す。

L'Assommoir

reparaissaient toutes braisillantes, s'allongeant encore et coupant la nuit, jusqu'aux ténèbres perdues de l'horizon.　Un grand souffle passait, le quartier élargi enfonçait des cordons de petites flammes sous le ciel immense et sans lune. C'était l'heure, où d'un bout à l'autre des boulevards, les marchands de vin, les bastringues, les bousingots, à la file, flambaient gaiement dans la rigolade des premières tournées et du premier chahut.　La paie de grande quinzaine emplissait le trottoir d'une bousculade de gouapeurs tirant une bordée.　Ça sentait dans l'air la noce, une sacrée noce, mais gentille encore, un commencement d'allumage, rien de plus.　On s'empiffrait au fond des gargotes ; par toutes les vitres éclairées, on voyait des gens manger, la bouche

---

7) **bastringue**：「《話》(低俗な)ダンスホール」。　8) **bousingot**：「《古》安酒場」。　10) **chahut**：「大騒ぎ；(カンカンに似た扇情的な)シャユー踊り」。　**La paie de grande quinzaine**：「たっぷり2週間分の給料」。grand は数詞とともに用いて「たっぷり」の意。ex. deux grandes heures 「たっぷり2時間」。　11) **une bousculade de gouapeurs tirant une bordée**：「はしご酒をするごろつき連中の押し合いへし合い」。　gouaper："flâner, chercher aventure"(Delvau) 「(何かおもしろいことはないかと)

居 酒 屋

地平線の茫漠とした彼方の闇まで続いていた。一陣の強い風が吹きわたって、押し広げられた界隈は、月のない広大な空の下で、数珠つなぎになった小さな光の列を深く沈めていた。それは、大通りの端から端まで列をなした居酒屋やダンスホールや安酒場が、最初の振る舞い酒と最初のシャユー踊りで、陽気に輝き始める時刻だった。たっぷり二週間分の給料をもらって、はしご酒をする連中の押し合いへし合いが歩道をいっぱいにしていた。空中にはどんちゃん騒ぎのにおいが立ちこめていた。それはすさまじい騒ぎだったが、まだまだおとなしいほろ酔いの始まりで、それ以上のものではなかった。安食堂の奥では、人々がたらふく詰め込んでいた。明かりのついたどの窓からも、人々が口をいっぱいにして、呑み込む手間も惜しんでげらげら笑

---

ぶらつく」。gouapeur は「ぶらつく人」。tirer une bordée「《話》飲み歩く、はしご酒をする」。　12) **Ça sentait ......**:「《話》……の匂いがした」。ça は形式上の主語。　14) **rien de plus**:「それ以上何も(……ない)」。　**s'empiffrer**:「《話》たらふく食べる」。15) **gargote**:「《軽蔑的》安食堂」。　16) **on voyait des gens manger**:「人々が食べているのが見えた」。知覚動詞＋直接目的語＋不定詞で、「……が……するのを(見る、聞く、感じる、など)」。

L'Assommoir

pleine, riant sans même prendre la peine d'avaler. Chez les marchands de vin, des pochards s'installaient déjà, gueulant et gesticulant. Et un bruit du tonnerre de Dieu montait, des voix
5 glapissantes, des voix grasses, au milieu du continuel roulement des pieds sur le trottoir. « Dis donc ! viens-tu becqueter ?... Arrive, clampin ! je paie un canon de la bouteille... Tiens ! v'là Pauline ! ah bien ! non, on va rien
10 se tordre ! » Les portes battaient, lâchant des odeurs de vin et des bouffées de cornet à pistons. On faisait queue devant l'Assommoir du père Colombe, allumé comme une cathédrale pour une grand-messe ; et, nom de Dieu ! on
15 aurait dit une vraie cérémonie, car les bons zigs chantaient là-dedans avec des mines de chantres au lutrin, les joues enflées, le bedon arrondi. On

---

1) **sans même prendre la peine d'avaler**：「飲み込む労をとることすらしないで、飲み込む手間も惜しんで」。 2) **pochard**：「《話》酔っぱらい、のんだくれ」。 4) **un bruit du tonnerre de Dieu**：「すさまじい騒音」。du tonnerre (de Dieu) は「《話》すごい、すばらしい」。 7) **becqueter**：「ついばむ、くちばしでつまむ；《俗》食う、飲む」。 8) **clampin**："fainéant, traîne-guêtres"(Delvau)「《古・隠》怠け者」。 **je paie un canon de la**

居 酒 屋

いながら、食べているのが見えた。居酒屋ではすでに酔っぱらいどもが腰を据えて、身ぶり手振りをまじえて大声でわめいていた。そしてすさまじい騒音がたちのぼり、歩道を歩く絶え間ない足音にまじって金切り声やしゃがれ声が聞こえた。「おい！　飲みにきたのか？……さあ来い、怠け者め！　一杯おごってやろうじゃないか……おや！　ポーリーヌだ！　いや、まったく！　愉快にやろうじゃないか！」ドアはばたばたして、ぶどう酒の匂いやコルネットの音色を吐き出していた。コロンブ親父の《アソモワール》の前は行列だった。それは大ミサのときの大聖堂のように光り輝いていた。畜生！　まるで本物のミサみたいだ。なぜなら気のいいやつらは、その中で、教会の聖歌隊席の聖歌隊員みたいな顔つきをして、ほっぺたをふくらまし、太鼓腹を丸くして歌っているからだ。給料日の聖女さまを祝

---

**bouteille**：「一杯おごってやるよ」。canon は「《俗》（カウンターで飲む）グラス一杯の酒」。　9) **v'là** = voilà　**on va rien se tordre**：「さあ、愉快にやろうじゃないか」。rien は副詞で「《俗》とても、すごく」(=rudement, drôlement)。se tordre は「（おかしくて）身をよじる」。　11) **cornet à pistons**：「コルネット」。14) **on aurait dit .....**：「まるで……のようだった」。　15) **les bons zigs**：「《俗》気のいいやつら」。zig は「《俗》やつ(=type)」。

L' Assommoir

célébrait la Sainte-Touche, quoi ! une sainte bien aimable, qui doit tenir la caisse au paradis. Seulement, à voir avec quel entrain ça débutait, les petits rentiers, promenant leurs épouses, répétaient en hochant la tête qu'il y aurait bigrement des hommes soûls dans Paris, cette nuit-là.  Et la nuit était très sombre, morte et glacée, au-dessus de ce bousin, trouée uniquement par les lignes de feu des boulevards, aux quatre coins du ciel.

Plantée devant l'Assommoir, Gervaise songeait.  Si elle avait eu deux sous, elle serait entrée boire la goutte.  Peut-être qu'une goutte lui aurait coupé la faim.  Ah ! elle en avait bu des gouttes ! Ça lui semblait bien bon tout de même.  Et, de loin, elle contemplait la machine à soûler, en sentant que son malheur venait de là, et en faisant le rêve de s'achever avec de l'eau-

---

1) **la Sainte-Touche**：「給料日の聖女さま」。la sainte touche は「《俗》給料日」のことだが、ここでは字義通りの「聖女」として擬人化されている。　2) **tenir la caisse**：「レジを受け持つ、会計係をする」。　8) **bousin**："tapage, vacarme"(Delvau)　「《俗》大騒ぎ」。　12) **Si elle avait eu deux sous, elle serait entrée ……**：

居 酒 屋

っているんだ！　天国で会計係をしているにちがいない、愛すべき聖女さまだ。それがどんな熱気を帯びて始まったかを見ただけで、ちょっとした年金で暮らしている連中は、女房を散歩させながら、今夜パリにはとてつもなくたくさんの酔っぱらいが出るだろうと首を振りながら繰り返すのだった。そしてこのどんちゃん騒ぎの上では、夜はとても暗く、死んだように凍り付いて、ただ空の四隅を、大通りの光の線が貫いているだけだった。

　《アソモワール》の前に突っ立って、ジェルヴェーズは考えていた。もし二スウ持っていたら、一口飲みに入るだろう。おそらく一口飲めば、空腹も感じなくなるだろう。ああ！　何口も飲んだものだった！　それもやはり、楽しい思い出だ。そして遠くから、彼女は酔っぱらい製造器をながめ、自分の不幸はそこからきたのだと思い、またいつかお金が手に入ったらブランデーで酔いつぶれたいものだ

---

「Si + 直説法大過去、条件法過去」で「もし……だったら、……だったのに」という過去の事実に反する仮定とその結果を表す。　13) **boire la goutte**：「《話》ブランデーをちょっぴり飲む」。　15) **tout de même**：「それでも、やはり」。　18) **s'achever**：「《話》（酔って）へべれけになる」。

L'Assommoir

de-vie, le jour où elle aurait de quoi.　Mais un frisson lui passa dans les cheveux, elle vit que la nuit était noire.　Allons, la bonne heure arrivait. C'était l'instant d'avoir du cœur et de se montrer gentille, si elle ne voulait pas crever au milieu de l'allégresse générale.　D'autant plus que de voir les autres bâfrer ne lui remplissait pas précisément le ventre.　Elle ralentit encore le pas, regarda autour d'elle.　Sous les arbres, traînait une ombre plus épaisse.　Il passait peu de monde, des gens pressés, traversant vivement le boulevard.　Et, sur ce large trottoir sombre et désert, où venaient mourir les gaietés des chaussées voisines, des femmes, debout, attendaient.　Elles restaient de longs moments immobiles, patientes, raidies comme les petits platanes maigres ; puis, lentement, elles se mouvaient, traînaient leurs savates sur le sol gracé, faisaient dix pas et

---

1) **le jour où elle aurait de quoi**：「お金が手に入ったら」。avoir de quoi は「《話》（十分な）金がある」。　4) **avoir du cœur**：「勇気を出す、誇りを持つ」。　6) **D'autant plus que ……**：「……であるだけにますます（そうである）」。　**de voir les autres**

居 酒 屋

と夢想していた。しかし冷たい風が、彼女の髪をさっと吹き抜けた。夜が真っ暗なのが見えた。さあ、そろそろいい時刻だ。もしみんなが愉快にやっているさなかにくたばりたくなかったら、勇気を出して優しく見せるべき時だ。他の人たちががつがつ食べているのを見ても、自分の腹はくちくならないのだから、なおさらだ。彼女はさらに歩みをゆるめ、周囲を見回した。木々の下には、いっそう深い闇が立ちこめていた。ほとんど人通りはなく、急ぎ足の人々が大通りをさっさと横切っているだけだった。そしてすぐそばの通りの陽気な騒ぎが途絶えてしまうこの暗くて人気のない広い歩道には、女たちが立って、客を待っていた。彼女たちは長い時間、やせこけた小さなプラタナスのように、じっと忍耐強く、体をこわばらせていた。それからのろのろと動き出し、凍てついた地面の上でぼろ靴を引きずって、十歩も進んではふたたび立ち止まり、地面に貼り付

---

**bâfrer**:「他の人たちががつがつ食べているのを見ること」。de + 不定詞がここでは主語になっている。　10) **Il passait peu de monde**:「ほとんど人は通っていなかった」。Il は非人称の主語。　12) **où venaient mourir**:mourir は「消える、途絶える」。

L' Assommoir

s'arrêtaient de nouveau, collées à la terre.　Il y en avait une, au tronc énorme, avec des jambes et des bras d'insecte, débordante et roulante, dans une guenille de soie noire, coiffée d'un foulard
5 jaune ; il y en avait une autre, grande, sèche, en cheveux, qui avait un tablier de bonne ; et d'autres encore, des vieilles replâtrées, des jeunes très sales, si sales, si minables, qu'un chiffonnier ne les aurait pas ramassées.　Gervaise, pour-
10 tant, ne savait pas, tâchait d'apprendre, en faisant comme elles.　Une émotion de petite fille la serrait à la gorge ; elle ne sentait pas si elle avait honte, elle agissait dans un vilain rêve.　Pendant un quart d'heure, elle se tint toute droite.
15 Des hommes filaient, sans tourner la tête.　Alors, elle se remua à son tour, elle osa accoster un homme qui sifflait, les mains dans les poches, et elle murmura d'une voix étranglée :

«Monsieur, écoutez donc... »

---

2) **au tronc énorme**：「巨大な胴体をして」。　3) **roulant**：「《話》おかしい、滑稽きわまりない」。　5) **en cheveux**：「帽子をかぶらず」。　8) **si sales, si minables, qu'un chiffonnier ne les aurait**

いたようになっていた。ある女は、巨大な胴体に昆虫のような手足をして、はみ出さんばかりで滑稽きわまりなく、黒い絹のぼろ服を着て、黄色いスカーフで髪をくるんでいた。別の女は、背が高く、やせこけていて、帽子はかぶらず、女中のエプロンをつけていた。そしてもっと他の女たちもいた。厚化粧の年増女や、ひどく薄汚い若い女たちもいた。あまりに汚くみすぼらしいので、屑屋でさえ拾っていかないだろうと思えるほどだった。しかしジェルヴェーズは、勝手が分からず、彼女たちの真似をして見習おうとつとめた。小娘のような感傷が、喉元にこみ上げてきた。自分が恥ずかしいのかどうかもわからず、いやな夢の中にいるようだった。十五分の間、彼女はまっすぐ突っ立っていた。男たちは振り向きもせずに通り過ぎた。それで今度は彼女が体を動かして、ポケットに両手を入れて口笛を吹いている男に思い切って近づいて、喉の詰まったような声でささやいた。

「ねえ、あんた、いかが……」

---

**pas ramassées**：「あまりに汚く、みすぼらしいので、屑屋でさえ彼女らを拾ってはいかなかっただろう」。　16) **elle se remua à son tour**：「今度は彼女が動いた」。tour は「順番」の意味。

## L'Assommoir

L'homme la regarda de côté et s'en alla en sifflant plus fort.

Gervaise s'enhardissait. Et elle s'oublia dans l'âpreté de cette chasse, le ventre creux, s'acharnant après son dîner qui courait toujours. Longtemps, elle piétina, ignorante de l'heure et du chemin. Autour d'elle, les femmes muettes et noires, sous les arbres, voyageaient, enfermaient leur marche dans le va-et-vient régulier des bêtes en cage. Elles sortaient de l'ombre, avec une lenteur vague d'apparitions ; elles passaient dans le coup de lumière d'un bec de gaz, où leur masque blafard nettement surgissait ; et elles se noyaient de nouveau, reprises par l'ombre, balançant le rai blanc de leur jupon, retrouvant le charme frissonnant des ténèbres du trottoir. Des hommes se laissaient arrêter, causaient pour la blague, repartaient en rigolant. D'autres, discrets, effacés, s'éloignaient, à dix pas derrière une femme. Il

---

1) **regarder de côté**：「横目で見る」。　8) **voyager**：この場合は「動き回る、巡回する」の意。　17) **se laissaient arrêter**：se laisser

居 酒 屋

　男は彼女を横目で見て、いっそう大きな音で口笛を吹きながら行ってしまった。

　ジェルヴェーズはしだいに大胆になっていった。そして空っぽの腹を抱え、いつまでも逃げていく夕食の後を必死に追いかけながら、この猟の過酷さに我を忘れた。長い間、時刻も道もわからずに、彼女はよろよろと歩いた。彼女のまわりでは、黙りこくった黒っぽい女たちが、木々の下で歩き回っていたが、その歩みはまるで檻の中の動物のように、規則正しい行き来を繰り返すだけだった。彼女たちは、幽霊のようにぼんやりとして緩慢に、闇の中から出てきた。そしてガス燈の光の中を通るときには、その青白い顔がはっきりと浮かび上がった。しかし彼女たちはふたたび闇にとらわれて、その中にまぎれていき、スカートの白い線を揺らしては、歩道の暗闇の寒々とした魅惑に立ち戻るのだった。男たちは、引き留められるままに立ち止まって、冗談を言っては、またふざけながら立ち去っていった。またもっと控えめで目立たず、十歩ほど離れて女の後につい

＋不定詞「……されるがままになる」。

L' Assommoir

y avait de gros murmures, des querelles à voix étouffée, des marchandages furieux, qui tombaient tout d'un coup à de grands silences. Et Gervaise, aussi loin qu'elle s'enfonçait, voyait
s'espacer ces factions de femme dans la nuit, comme si, d'un bout à l'autre des boulevards extérieurs, des femmes fussent plantées. Toujours, à vingt pas d'une autre, elle en apercevait une autre.   La file se perdait, Paris entier était gardé.   Elle, dédaignée, s'enrageait, changeait de place, allait maintenant de la chaussée de Clignancourt à la grande rue de la Chapelle.

«Monsieur, écoutez donc... »

Mais les hommes passaient.   Elle partait des abattoirs, dont les décombres puaient le sang. Elle donnait un regard à l'ancien hôtel Boncœur, fermé et louche.   Elle passait devant l'hôpital Lariboisière, comptait machinalement le long des

---

4) **aussi loin qu'elle s'enfonçait**:「どこまで進んでも」。aussi loin que …… で「……するかぎり（遠くまで）」。　5) **s'espacer**:「間隔を開けて並ぶ」。　**ces factions de femme**:「これらの女の歩

ていくものたちもいた。下品なささやき声や、押し殺した声での言い争い、怒って値切る声が聞こえたかと思うと、突然しーんと静まりかえるのだった。そしてジェルヴェーズは、どこまで進んでも、これらの女たちの歩哨が、一定の間隔を置いて、闇の中に立っているのを見た。まるで外周道路の端から端まで、女の並木があるようだった。一人の女から二十歩のところには、かならず別の女が立っていた。その列は際限もなく続き、パリ全体が守られていた。彼女は馬鹿にされた気がして腹を立て、場所を変えて今度はクリニャンクール通りからラ・シャペル大通りの方へと向かった。

「ねえ、あんた、いかが……」

しかし男たちは通り過ぎた。彼女が歩き出したのは、取り壊された残骸が血の匂いを放っている屠殺場からだった。そして昔のボンクール館の、閉め切った怪しげな姿を一瞥した。彼女はラリボワジエール病院の前を通り、建物

哨（見張り）」。　8) **à vingt pas d'une autre**：「別の女から二十歩離れたところに」。

L' Assommoir

façades les fenêtres éclairées, brûlant comme des veilleuses d'agonisant, avec des lueurs pâles et tranquilles.　Elle traversait le pont du chemin de fer, dans le branle des trains, grondant et
5 déchirant l'air du cri désespéré de leurs sifflets. Oh ! que la nuit faisait toutes ces choses tristes ! Puis, elle tournait sur ses talons, elle s'emplissait les yeux des mêmes maisons, du défilé toujours semblable de ce bout d'avenue ; et cela à dix, à
10 vingt reprises, sans relâche, sans un repos d'une minute sur un banc.　Non, personne ne voulait d'elle.　Sa honte lui semblait grandir de ce dédain.　Elle descendait encore vers l'hôpital, elle remontait vers les abattoirs.　C'était sa prome-
15 nade dernière, des cours sanglantes où l'on assommait, aux salles blafardes où la mort raidissait les gens dans les draps de tout le monde. Sa vie avait tenu là.

　«Monsieur, écoutez donc... »

---

5) **déchirant l'air du cri déséspéré ......**：「絶望的な叫びで空気を引き裂く」。　6) **que la nuit ......**：文頭のqueは感嘆文を作る

居 酒 屋

正面に沿って、明かりのともった窓を機械的に数えたが、それは臨終の人の通夜のともしびのように、青白く静かな光に燃えていた。彼女は汽車の震動で揺れる鉄道の陸橋をわたった。汽車はごうごうとなり声をあげ、汽笛の絶望的な叫びが空気をつんざいていた。ああ！　夜はこうしたものすべてを、何と悲しくするのだろう。それから彼女はきびすを返して、また同じ家々を、この大通りの一角のつねに変わらぬ街並みをまじまじと眺めた。そしてそれを十回も二十回も絶え間なく繰り返し、ベンチの上で一分たりとも休むことはなかった。駄目だ、だれもあたしを欲しくないのだ。彼女にはこんなふうに軽蔑されて、いっそう恥ずかしさが増すように思えた。彼女はまた病院の方へと降りていき、屠殺場の方へと上っていった。これが最後の散歩だった。獣を屠殺する血塗られた中庭から、死が万人用のシーツのなかで人々を硬直させる青白い部屋までが。彼女の人生はそこに閉じこめられたのだった。

「ねえ、あんた、いかが……」

---

働き。　15) **des cours sanglantes ...... aux salles blafardes**：de …… à ……「……から……まで」。

L'Assommoir

## Chapitre XIII

　Gervaise dura ainsi pendant des mois.　Elle dégringolait plus bas encore, acceptait les dernières avanies, mourait un peu de faim tous les jours.　Dès qu'elle possédait quatre sous, elle buvait et battait les murs.　On la chargeait des sales commissions du quartier.　Un soir, on avait parié qu'elle ne mangerait pas quelque chose de dégoûtant ; et elle l'avait mangé, pour gagner dix sous.　M. Marescot s'était décidé à l'expulser de la chambre du sixième.　Mais, comme on venait de trouver le père Bru mort dans son trou, sous l'escalier, le propriétaire avait bien voulu lui laisser cette niche.　Maintenant, elle habitait la niche du père Bru.　C'était là-dedans, sur de la vieille paille, qu'elle claquait du bec, le ventre vide et les os glacés.　La terre ne voulait pas d'elle, apparemment.　Elle devenait idiote, elle

---

4) **quatre sous**：「四スウ→ごくわずかのお金」。　5) **battre les murs**：「《話》とりとめのないことを言う、錯乱する」(=battre

居 酒 屋

## 第13章

　ジェルヴェーズはこんなふうにして、何カ月か持ちこたえた。彼女はますます落ちぶれて、言いようのない侮辱も甘受し、毎日少しずつ飢え死にしかけていた。ほんのわずかでもお金が手に入ると、すぐに酒を飲んで、とりとめのないことを言った。人々は界隈の汚れ仕事を彼女に頼んだ。ある晩など、いくら彼女でもこんなひどいものは食べないだろうと人々は賭けをしたが、十スウ稼ぐために、彼女はそれも食べた。マレスコ氏は、七階の部屋から彼女を追い出すことに決めていた。しかしブリュ親父が階段の下の彼のねぐらで死んでいるのが発見されたので、家主は親切にも彼女をこのくぼみに入れてやることにした。今では彼女はブリュ親父のねぐらに住んでいたのだ。彼女がぺこぺこの空きっ腹を抱え、骨まで凍り付いているのは、そのねぐらの古い敷き藁の上だった。明らかに、地面すらも、彼女を必要としないのだった。彼女は痴呆になり、身の始

---

la campagne)．　15) **claquer du bec**：「《話》空腹である」。

L'Assommoir

ne songeait seulement pas à se jeter du sixième sur le pavé de la cour, pour en finir.　La mort devait la prendre petit à petit, morceau par morceau, en la traînant ainsi jusqu'au bout dans
5　la sacrée existence qu'elle s'était faite.　Même on ne sut jamais au juste de quoi elle était morte. On parla d'un froid et chaud.　Mais la vérité était qu'elle s'en allait de misère, des ordures et des fatigues de sa vie gâtée.　Elle creva
10　d'avachissement, selon le mot des Lorilleux.　Un matin, comme ça sentait mauvais dans le corridor, on se rappela qu'on ne l'avait pas vue depuis deux jours ; et on la découvrit déjà verte, dans sa niche.

15　Justement, ce fut le père Bazouge qui vint, avec la caisse des pauvres sous le bras, pour l'emballer. Il était encore joliment soûl, ce jour-là, mais bon zig tout de même, et gai comme un pinson.

---

2) **en finir**：「(長く続く不快なことを) 終わりにする、けりをつける」。　6) **au juste**：「正確に」。　**de quoi elle était morte**：「何で(何が原因で)彼女が死んだのか」。　10) **avachissement**：「形が崩れること；無気力、だらけ、成り行きまかせ」。　16) **la caisse des pauvres …… pour l'emballer**：caisse は「(荷作り用

居 酒 屋

末をつけるために、七階から中庭の敷石の上に身を投げることすら思い及ばなかった。死は、彼女が自ら作ったあさましい人生の端の端まで、彼女をこんなふうに引きずりながら、少しずつ少しずつ、彼女をとらえていったにちがいない。何で彼女が死んだのかさえ、正確にはわからなかった。人々は暑さ寒さを云々したが、真実のところ、彼女は赤貧から、その台無しになった人生の不潔と疲労から死んだのだった。ロリュー夫妻に言わせれば、彼女はその生活のゆがみから死んだのだ。ある朝、廊下でいやな匂いがしたので、人々は二日前から彼女を見かけなかったことを思い出した。そしてそのくぼみのなかで、すでに緑色になっている彼女が発見されたのだ。

　彼女を入れるために、貧民用の棺桶を小脇に抱えてやってきたのは、まさしくバズージュ親父だった。彼はその日もまた、しこたま酔っていたが、それでも上機嫌で、この上なく陽気だった。彼は自分が相手にしている客がだれか

---

の）木箱」。「棺桶」はふつう bière と言う。動詞 emballer もまさに「荷作りする、梱包する」の意。　　17) **bon zig**：「《俗》気のいいやつ」。　　18) **gai comme un pinson**：「アトリ（小鳥の種類）のように陽気な→とても陽気な」。

L'Assommoir

Quand il eut reconnu la pratique à laquelle il avait affaire, il lâcha des réflexions philosophiques, en préparant son petit ménage.

«Tout le monde y passe... On n'a pas besoin
5 de se bousculer, il y a de la place pour tout le monde... Et c'est bête d'être pressé, parce qu'on arrive moins vite... Moi, je ne demande pas mieux que de faire plaisir. Les uns veulent, les autres ne veulent pas. Arrangez un peu ça, pour
10 voir... En v'là une qui ne voulait pas, puis elle a voulu. Alors, on l'a fait attendre... Enfin, ça y est, et, vrai ! elle l'a gagné ! Allons-y gaiement ! »

Et, lorsqu'il empoigna Gervaise dans ses
15 grosses mains noires, il fut pris d'une tendresse, il souleva doucement cette femme qui avait eu un si long béguin pour lui. Puis, en l'allongeant au fond de la bière avec un soin paternel, il bégaya, entre deux hoquets :

---

1) **la pratique à laquelle il avait affaire**：「彼が相手にしている客」。avoir affaire à ……「……にかかわり合う、相手にする」。
4) **Tout le monde y passe**：「みんながそこを通る→だれでもいずれは死んでしまう」。y passer「試練を経る；《話》死ぬ」。 7)

居酒屋

がわかると、その小さな住処の準備をしながら、いささか哲学的な考察をもらしたのだった。

「だれもが結局死ななきゃならねえ……押し合いする必要はねえさ、みんなの席があるんだからよ……急いでも駄目だ。よけいに遅くなるだけだ……喜んで行ってもらえるなら、わしには願ったりかなったりさ。死にたがるやつらもいれば、死にたがらないやつらもいる。できることなら、それをちょっと調整してほしいもんだ……このひとは、はじめは死にたがらなかったが、後では死にたがった。だから待たされたのさ……しかしようやくけりがついたというもんだ。まったく、このひとの勝ちだ。さあ、陽気に行こうじゃないか。」

そして彼は、黒い大きな手でジェルヴェーズをつかむと、一種の愛情にとらわれて、自分にあれほど長い間恋いこがれていた女をゆっくりと抱き上げた。それから父親のような心遣いで彼女を棺桶の底に横たえながら、嗚咽しつつつぶやいた。

---

**ne pas demander mieux que de + 不定詞**：「……するのは願ってもないことだ」。　9) **pour voir**：「ためしに、できれば」。 16) **avoir le (un) béguin pour qn**：「（人に）恋心をいだく、惚れる」。

«Tu sais... écoute bien... c'est moi, Bibi-la-Gaieté, dit le consolateur des dames... Va, t'es heureuse. Fais dodo, ma belle !»

---

2) **t'es heureuse**：tu es heureuse の会話体。　　3) **faire dodo**：幼児

居 酒 屋

「なあ……いいかい……わしだよ、ご婦人方の慰め役と言われる、ビビ=ラ=ゲテだよ……まったく、お前さんは幸せだ。別嬪さん、ゆっくりおやすみよ。」

---

語で「ねんねする」。

[著者紹介]

吉田典子［よしだ・のりこ］神戸大学教授
　　　　（19世紀フランス文学・社会文化史）

**目録進呈／落丁本・乱丁本はお取替えいたします。**

平成14年6月10日　　Ⓒ第1版発行
平成23年1月30日　　　第2版発行

| エミール・ゾラ 居酒屋 | 訳注者　　吉田　典子 |
| --- | --- |
| | 発行者　　佐藤　政人 |
| | 発行所 株式会社 大学書林 |
| | 東京都文京区小石川4丁目7番4号<br>振替口座 00120-8-43740<br>電話 (03) 3812-6281〜3番<br>郵便番号 112-0002 |

ISBN978-4-475-02103-6　　　　　　今家印刷・精光堂

## 大学書林
### フランス語参考書

| | | | |
|---|---|---|---|
| モーパッサン<br>小泉清明訳註 | 首飾り | 新書判 | 128頁 |
| ドーデー<br>島岡 茂訳註 | 風車小屋だより | 新書判 | 108頁 |
| 望月芳郎訳註 | アポリネール詩と短篇小説集 | 新書判 | 128頁 |
| 坂部甲次郎訳註 | フランス・コント傑作集 | 新書判 | 104頁 |
| モーパッサン<br>大塚幸男訳註 | 女の一生 | 新書判 | 80頁 |
| スタンダール<br>島田 実訳註 | 恋愛論 | 新書判 | 104頁 |
| バルザック<br>石田友夫訳註 | ファチノ・カーネ | 新書判 | 136頁 |
| ワイルド<br>望月一雄訳註 | サロメ | 新書判 | 112頁 |
| 赤木富美子訳註 | アポリネール短篇傑作集 | 新書判 | 112頁 |
| モリエール<br>秋山伸子訳注 | 守銭奴 | 新書判 | 208頁 |
| アラン・フルニエ<br>榊原直文訳注 | モーヌの大将 | 新書判 | 214頁 |
| シャトーブリアン<br>湟野ゆり子訳注 | ルネ | 新書判 | 158頁 |
| ジョルジュ・サンド<br>金山富美訳注 | 愛の妖精 | 新書判 | 152頁 |
| ジャン・ジャック・ルソー<br>但田 栄訳注 | 孤独な散歩者の夢想 | 新書判 | 154頁 |
| ジャン・ジャック・ルソー<br>但田 栄訳注 | エミール | 新書判 | 176頁 |
| ボードレール<br>松井美知子訳注 | パリの憂鬱 | 新書判 | 136頁 |
| ジェラール・ド・ネルヴァル<br>坂口哲啓訳注 | シルヴィ | 新書判 | 178頁 |

―目録進呈―